Stéphane TERNOISE

Amour, sud et chansons

Théâtre

Jean-Luc PETIT Editions

Amour, sud et chansons

Pièce de théâtre pour une femme et un homme

Du même auteur*

Certaines œuvres sont connues sous différents titres.

Romans

Le Roman de la Révolution Numérique
La Faute à Souchon : (Le roman du show-biz et de la sagesse)
Quand les familles sans toit sont entrées dans les maisons fermées
Liberté j'ignorais tant de Toi (Libertés d'avant l'an 2000)
Viré, viré, viré, même viré du Rmi !
Ils ne sont pas intervenus (Peut-être un roman autobiographique)

Théâtre

Neuf femmes et la star
Les secrets de maître Pierre, notaire de campagne
Ça magouille aux assurances
Chanteur, écrivain : même cirque
Deux sœurs et un contrôle fiscal
Amour, sud et chansons
Pourquoi est-il venu :
Aventures d'écrivains régionaux
Avant les élections présidentielles
Scènes de campagne, scènes du Quercy
Blaise Pascal serait webmaster
Trois femmes et un Amour
J'avais 25 ans
« Révélations » sur « les apparitions d'Astaffort » Brel Cabrel

Théâtre pour troupes d'enfants

La fille aux 200 doudous
Les filles en profitent
Révélations sur la disparition du père Noël
Le lion l'autruche et le renard,
Mertilou prépare l'été
Nous n'irons plus au restaurant

* extrait du catalogue, voir page 97

Stéphane Ternoise

Amour, sud et chansons

Pièce de théâtre pour une femme et un homme

Sortie numérique : 24 mai 2011

Edition revue et actualisée en avril 2014.
Disponible en numérique et en papier.

Jean-Luc Petit éditeur - Collection Théâtre

Stéphane Ternoise versant dramaturge :

http://www.dramaturge.fr

Tout simplement et logiquement !

Tous droits de traduction, de reproduction, d'utilisation, d'interprétation et d'adaptation réservés pour tous pays, pour toutes planètes, pour tous univers.

Site officiel : http://www.ecrivain.pro

© Jean-Luc PETIT - BP 17 - 46800 Montcuq – France

Sous couvert de Théâtre, Stéphane Ternoise parle d'Amour. Ou le contraire ? Après un essai sur l'Amour dans une perspective stendhalienne, l'auteur s'est lancé dans l'écriture de cette comédie, la situant en marge du monde de la chanson, une manière d'ausculter les rêves et les espoirs des paroliers confrontés à la réalité du show-biz mais surtout de faire le point sur les possibilités réelles de la vie en couple.

Stéphane Ternoise

Amour, sud et chansons

Comédie en trois actes

Un homme, une femme et deux voix enregistrées (qui peuvent être celles de la comédiennes et du comédien, avec un accent nordiste pour la première, gays pour l'autre).

Sujet :

ELLE et LUI ont quitté Douai (nord de la France) pour le sud-ouest (région de Montcuq en Quercy), un février de la fin du deuxième millénaire.

Personnages :

Elle : vingt-cinq ans, cheveux longs, physique top model.
Haut de pyjama impeccable, avec tee-shirts en dessous.
Bas : survêtement neuf, chaussettes.
Ne veut pas travailler et ne veut pas s'ennuyer.
Fautes de français fréquentes.

Lui : trente ans, cheveux mi-longs ébouriffés ; banal. Pas moche mais banal. Pas rasé d'au moins huit jours. Vieille veste de pyjama (un

trou bien apparent au coude droit), au-dessus d'autres vestes de pyjama et tee-shirts.
Bas : survêtement « ancien. »
Sent le négligé. Veut être écrivain, écrit des textes de chansons (jamais chantés), a été sélectionné aux « Rencontres d'Astaffort », semaine de rencontres musicales organisées par un chanteur populaire, Francis Cabrel.

Deux rôles secondaires (au téléphone uniquement, enregistrés avant les représentations) :

Première voix au téléphone : connaissance de LUI. Compositeur connu aux *Francofolies* de La Rochelle (festival de chansons), ayant participé aux rencontres d'Astaffort lors d'une précédente cession. La trentaine. Riche et efféminé.

Deuxième voix au téléphone : sœur de LUI. Trente-sept ans. Secrétaire, « bonne à tout faire » d'une PME.

Références à :
Maman est folle : mère d'ELLE.
La vieille : une voisine, quatre-vingt-cinq ans, veuve, cancanière.
Le vieux : un voisin, quatre-vingt ans, veuf, raconte « le pays » aux « jeunes. »
Goldorak : patron de la sœur de LUI.

Acte 1

La chambre, d'une maison en pierres, « dans le sud », le sud-ouest, le Quercy, région de Montcuq.
Au milieu, un "lit" (deux matelas posés par terre). À sa droite, une étagère « pin des Landes », remplie de classeurs, livres et peluches. À sa gauche, un "bureau" (une planche sur deux tréteaux) avec un amas de papiers en désordre.
Entre le "bureau" et le "lit" : un téléphone (avec touche haut-parleur et touche « discrétion » - à maintenir enfoncée pour parler sans être entendu du correspondant tout en continuant à l'entendre), un balai, une lampe électrique (une femme et un homme enlacés)…
Traînent aussi par terre : un pistolet avec à l'intérieur une cartouche de joint mastic, une perceuse, des publicités, des cartons, certains ouverts (dépassent, des serviettes, des fringues, des plats), d'autres empilés et fermés de gros scotchs marrons, et tout ce qui sera évoqué…
Les murs : à droite, pierres crépies (peinture écaillée d'au moins trente ans), une fenêtre masquée par une couverture maintenue avec deux grosses lattes en bois ; fond et gauche : isorel marron très laid… ; gauche : une porte, en isorel, peinte en bleu écaillé.
Une ampoule (très forte) au-dessus du lit.

Le plafond : entre chaque poutre, du lambris. Aux raccords : du sparadrap, des boulettes de journaux et du joint mastic blanc du meilleur effet !
À côté de la fenêtre : un radiateur électrique, neuf... Mais bruyant.
Ce décor « idéal » peut être remplacé par une création reflétant la même impression d'arrivée récente et d'habitat rudimentaire.
Dans « le lit » : ELLE et LUI à sa gauche, allongés, emmitouflés (grosses écharpes) sous de nombreuses couvertures.
Tandis que se lève le rideau :

Elle : - Aïe ! *(très plaintif)* Oh ! Mon Dieu !
Lui : - Ouille !
Elle : - Ton côté ?
Lui : - Mon dos.

Il essaye de se redresser, de s'asseoir, y parvient en marmonnant régulièrement « ouille. »

Elle : - Tu vas pas dormir ?
Lui : - Je crois que je vais lire un peu.
Elle : - Encore !
Lui : - Tu crois qu'on est en état de faire l'amour !
Elle : - On pourrait essayer quand même... Même si tu bouges pas, c'est mieux que rien...
Lui : - Tu veux vraiment que je reste bloqué ?
Elle : - Bin non... Parfois j'ai l'impression que tes bouquins comptent plus que moi.

Lui : - Tu avais pourtant tendrement et judicieusement proclamé : « *Je vais essayer de dormir !* »
Elle : - Je croyais être bien sur le dos... Oh ! mon Dieu... Je vais essayer de me mettre sur le côté.
Lui : - Qu'est-ce qui t'a pris de vouloir soulever ce tronc, il pèse au moins cent quatorze kilos.
Elle : - J'ai pas envie de mourir de froid...
Lui : - Tu aurais pu ramener des brindilles... Ça chauffe aussi.
Elle : - Tu parles ! Avec une cheminée qui fume tout le temps... Être obligé de laisser la porte ouverte pour pas être asphyxié !... On n'arrivera jamais à chauffer...
Lui : - Surtout maintenant qu'on est deux éclopés.
Elle : - Qu'est-ce qu'on va faire ?
Lui : - Attendre l'été.
Elle : - Toi tu t'en fous, tu pourrais même vivre dans une pièce, une fois que tu as un livre, ton stylo et du papier, on dirait que plus rien compte pour toi.
Lui : - C'est ma chance et tu le présentes comme un drame !
Elle : - Je croyais quand même pas que tu étais comme ça.
Lui : - Je te l'ai pourtant annoncé le premier soir : « *jeune retraité, ma vie oscille désormais entre lire et écrire...* »
Elle : - Je croyais que c'était juste une belle phrase pour me séduire.

Lui : - Parfois les êtes humains parlent comme ils pensent.
Elle : - Ça t'embête si je te parle ?... Tu préfères lire ?
Lui : - Finalement, je vais essayer de dormir. Plutôt que de te plaindre, va éteindre !
Elle : - Oh, non, je me lève plus.
Lui, *souriant* : - J'en suis certain : tu vas bientôt te lever.
Elle : - T'es dégueulasse ! J'y pensais plus. Maintenant j'ai vraiment envie... C'est pas drôle.
Lui : - Toi, tu ne m'avais pas prévenu que tu dois visiter quinze fois les toilettes avant de t'endormir.
Elle : - C'est comme ça une fille... Dans la famille.
Lui : - Va, et n'oublie pas de fermer la lumière quand tu reviendras.

Elle se lève, difficilement, enfile son bonnet, un gros manteau, posés juste à côté du lit, et sort... Chaque pas entraîne un « léger » craquement du plancher qui se poursuit dans le couloir... Ainsi chaque retour sera de même précédé.

Lui : - Qu'est-ce qu'ils font ensemble ces deux-là ? Je me demande si souvent ça !...
Si on nous voyait !... Le diagnostic serait catégorique : ils ne s'aiment pas ! Ou : « des vieux ! »
Si je voyais un couple comme ça, je conclurais,

« ça va pas durer. » Ou non : « le pire, c'est que ça peut durer comme ça toute une vie ! » Dans ce cas-là, oui, comme ça doit être long une vie !
Si je reprends un livre, elle va encore faire la gueule. Alors on va papoter.
Papoter pour quoi dire ! Mon Dieu ! Si on nous entendait… On se gausserait bien : « ils sont comme les autres ; vraiment pas plus intelligents que nous ! ; même lui, malgré qu'il veut se donner des airs, avec sa patine de culture !… » C'est peut-être pour cela que les gens passeraient une soirée à nous regarder…
À moins qu'ils espèrent du tragique, « il va sûrement finir par l'étrangler ! »
Ou un drame : « on va voir du sang ; au moins une scène ! »
À moins qu'ils espèrent encore, en la voyant si belle, ma compagne… « on va les voir… » Les voir quoi, ils penseraient ? Oseraient-ils employer l'expression « faire l'Amour » ?
Aimer, regarder dans la même direction, pas toujours, mon cher St-Exupéry ! On regardait vers le sud…
Maintenant qu'on y est, je sais plus quoi faire de mes yeux…
Mais il faudrait être un monstre pour lui balancer, « *retourne dans ton nord, retourne à Douai* », la quitter après l'avoir emmenée à neuf cents kilomètres.
(*souriant*) Retourne chez ta mère !
Voilà je suis enchaîné ! La liberté… Choisir ses

chaînes, ouais ! Comment je parle ! Mais non, elle ne deviendra pas forcément comme sa mère.
J'ai encore l'illusion de pouvoir la cultiver, l'extraire de son conditionnement, la transformer... C'est peut-être ça l'amour !
Il arrive un moment où tout bascule... Devenir vraiment adulte !
Être comme furent les parents... Encore maintenant ! Ça ne dure qu'un temps, ressembler plus à la société qu'aux parents !
Comment il résume ? Ah oui, « *les structures mentales familiales finalement triomphent...* »
Ah ! Il lui faudrait une force qu'elle n'a sûrement pas, pour ne pas ressembler, finalement, à sa mèèèère... Elle était en guerre contre sa mère...
Mais la force de s'opposer aux valeurs, de conquérir les siennes...
Pourtant, je suis amoureux. Sincère ! Je lui pardonne... Pas tout quand même. C'est demain, dans quelques mois, que seuls les scrupules, la mauvaise conscience...
Et la peur de la solitude. Alors que je sais la pire des solitudes, celle d'être avec quelqu'un qui ne s'intéresse à rien de ce qui nous passionne.
Même Zola. Même Houellebecq ! Même Jacques Brel !
Mais seul, impossible d'avoir un enfant ! En tout cas pour moi !
On rêve d'avoir un enfant en se jurant, je ferai

mieux que mes parents, alors il faut bien quelqu'un... Avoir un enfant... Pour qu'au moins quelque chose continue après...
Elle ou une autre... Affreux misogyne va !
Paraît que Jacques Brel s'est confié ainsi, en partant pour les Marquises, *elle ou une autre...* Avoir un enfant pour au moins réussir quelque chose ! L'Amour, on verra plus tard !
Mais non, je l'aime... Impossible d'arrêter de me faire un film de ma propre vie... Je dois quand même être écrivain !... Allez... On s'aime bien quand même (*il sourit*)
Faut que j'arrête de me croire dans un roman !
Ou plutôt, ne pas oublier : l'hérédité n'est pas la seule maîtresse du destin ; l'environnement est un élément fondamental...
Je peux la sauver !

> *Elle rentre... Il allume la lampe à sa gauche, elle éteint la lumière centrale...*

Lui : - Y'a du boulot !
Elle : - Ah ! Tu penses à t'y mettre.
Lui, *souriant* : - Tu crois vraiment qu'il est urgent de s'y mettre ?
Elle : - Tu vois, je suis même allée dans la cuisine (*elle lui donne une confiserie*). Aïe !... J'espère que ça va passer. C'est affreux quand je m'assois.
Lui : - Tu vas aller revoir « la mort lente » demain ?
Elle : - La vieille a l'air de pas dire n'importe quoi, il est connu pour ça.

Lui : - Tu vas te laisser triturer les os, retourner la tête, te laisser manipuler par lui...
Elle : - Je l'ai bien laissé me faire une prise de sang.
Lui : - Et ton abcès ?
Elle : - Je le sens même plus, c'est juste quand je l'accroche.
Lui, *imitant le docteur* : - « C'est pas grave ! » (*voix âgée « sud ouest»... mais avec un accent du nord*)
Elle : - Imitateur, c'est un beau métier ! Ça doit bien payer.
Lui : - Je voudrais bien savoir combien de ceux à qui il a dit « c'est pas grave », y sont passés ?
Elle : - Quel pays ! Un seul docteur... En plus avec une barbe aussi longue que tes cheveux !
Lui : - Mais non, l'autre est malade. Un docteur a la grippe et l'autre, personne n'ose diagnostiquer son état !
Elle : - Tu crois que c'est un homéopathe ? C'est bizarre toutes ses plantes partout...
Lui : - Il ne m'aurait pas donné de médicaments, si je n'en avais pas réclamés.
Elle : - Tu as exagéré... Il t'a regardé tout drôle...
Lui : - J'aurais pas été surpris s'il avait sorti un couteau pour m'administrer une radicale une saignée... Fallait bien lui demander avant le drame ! Dans son bocal, ça ressemblait vraiment à une sangsue comme dans les livres d'histoire.

Elle : - Arrête, fais-moi pas rire, ça fait vraiment trop mal... Dans quel pays on est tombé ! C'est ça le sud ! Il s'est bien foutu de nous le notaire en nous chantant Nino Ferrer... La Louisiane, l'Italie, tu parles !... Un frigo ! Nino, frigo, Nino, nigaud, toi qui cherches toujours des rimes !
Lui : - Tu peux même ajouter gogos.
Elle : - Arnaud aussi !
Lui : - C'est quoi le rapport entre ton cousin Arnaud le poivrot et le Nino devenu milliardaire grâce aux gogos ?
Elle : - Je te trouve des rimes, c'est à toi de faire les phrases.
Lui : - Tu es déjà allée en Louisiane fin février ?
Elle : - Cherche-lui pas des excuses !
Lui : - On a déjà le chien, il manque plus que le chat, une tortue, des poissons rouges...
Elle : - Mais tu aurais peut-être dû le laisser faire... Ça fait huit jours et tu as toujours le dos en compote.
Lui : - C'est un problème de ligaments moi, pas des dorsales.
Elle : - Qu'est-ce tu en sais ?... Tu n'es pas médecin...
Lui : - Je serais pas surpris qu'on ait fait les mêmes études.
Elle : - La vieille m'a dit, il est docteur parce que son père l'était, c'est comme le notaire.

Lui : - Tu crois qu'il a vraiment soixante-seize ans ?

Elle : - Les médecins, c'est comme les notaires, faut qu'ils meurent pour laisser la place aux jeunes, qu'elle a dit la vieille !
Lui : - Alors tu vas le laisser te tordre la tête et le dos ?
Elle : - Oh demain ça ira mieux... Il faut bien sinon comment on va se chauffer ?
Lui : - On vivra ici... Je te colle un sparadrap sur la bouche et je lis !
Elle : - Tu vois, je me suis pas énervée, j'ai compris que c'est pour rire.
Lui : - Tout le monde peut se tromper !
Elle : - Acheter cent cinquante hectares habitables pour vivre dans douze !...
Lui : - Cent cinquante hectares habitables, même le notaire ne les a pas ! Cent cinquante mètres carrés c'est déjà bien !
Elle : - Tu vois, pour une fois que j'utilise un mot savant pour te faire plaisir, ça ne te va pas !
Lui : - Les mots ont un sens !
Elle : - Pourquoi ta mère parle toujours en hectares, alors ?
Lui : - Les terres cultivables, en hectares, les maisons, en mètres carrés.
Elle : - Vous êtes compliqués ! Je sens du vent... (*elle lève le bras droit, ce vent vient donc du grenier*)
Lui : - Moi aussi... Je crois bien que je vais encore me réveiller avec des migraines.
Elle : - Le chauffage est à fond ?
Lui : - Tu ne l'entends pas !

Elle : - Je finis par plus l'entendre.
Lui : - Tu as de la chance.
Elle : - J'ai été élevée dans le bruit moi... Faudra aller le reporter.
Lui : - Faudra...
Elle : - Quarante kilomètres pour faire des courses. Quel pays !
Lui : - Quoi ? Tu te plains encore !
Elle : - Une fille ça se plaint.
Lui : - Tu le savais avant... On l'a choisie ensemble...
Elle : - En été oui. Je me rendais pas compte. Et puis tu as dit, ça me portera bonheur d'habiter dans le pays de Nino Ferrer.
Lui : - Tu lui en veux !
Elle : - On chante pas des conneries comme ça ! Il aurait dû dire « mais en février il fait froid. »
Lui : - Ça rime pas.
Elle : - Eh alors ! Froid rime avec doigts. Il fait froid et j'ai mal aux doigts. Si un jour je dois travailler, j'écrirai des chansons aussi. J'en ai des choses à dire avec une mère pareille !
Lui : - Tu raconteras pourquoi nous avons acheté !
Elle : - Et puis tu es l'homme, tu aurais dû t'apercevoir qu'ils vendaient en été parce qu'on peut vivre qu'en été par ici... C'est mort en plus !
Lui : - Le bruit te manque déjà ?
Elle : - Au moins à Douai, on voyait des gens.
Lui : - Tu leur parlais ?

Elle : - Non, mais... Oh tu pourrais vivre dans un désert, toi !
Lui : - Ah !
Elle : - Et tu avais pas dit qu'on allait déménager en février.
Lui : - C'est donc de ma faute si en février il fait le même temps qu'à Douai, Noeux-les-Mines et Wallers ?
Elle : - Faut que je me mette sur le côté... Mais de toute façon j'irai pas voir l'autre... En plus c'est un roux... *"Maman est folle"* a toujours dit qu'un roux ça peut pas être docteur...
Lui : - Tu vas quand même pas le prendre en grippe !
Elle, *riant* : - C'est de toi ?
Lui : - Ça changerait quoi ? L'essentiel c'est ce qu'on pense, ce que l'on dit, ce que l'on fait. Pas forcément d'être le premier à le dire, le penser ou le faire.
Elle : - Tu peux pas parler comme tout le monde !
Lui : - Oui madame, bien madame.
Elle : - Arrête ! Je sais jamais si tu plaisantes ou si c'est sérieux ce que tu dis.
Lui : - Et tu ne le sauras peut-être jamais !

Elle le fixe d'un regard de gallinacés

Elle : - Si tu es dans cet état, jeudi tu vas quand même pas aller à Astaffort ?
Lui : - Astaffort, paraît qu'on y aime les hommes forts !
(*chantonnant en Jacques Brel déraillant*)

Puis y'a Cabrel,
Qui a pu s'acheter un peigne
Avec ses premiers cachets
Puis y'a Richard
Avec sa grosse Jaguar
Faut vous dire madame, que chez ces gens-là, on...
(*reprenant sa voix habituelle*) Qu'est-ce qu'on fait chez ces gens-là ? On compte ?
Elle : - Tu verras bien... Mais arrête de te moquer, sinon tu vas pas pouvoir t'empêcher là-bas... Tu crois que tu as été sélectionné parce que tu as noté que tu venais vivre par ici ?
Lui : - Tu trouves vraiment mes chansons pas terribles ?
Elle : - Ça ressemble pas à du Cabrel. Pourquoi tu écris pas des chansons d'amour ?
Lui : - Ah !
Elle : - *Magouilleurs amateurs*, je vois personne chanter ça. En tout cas, Cabrel c'est pas le messie par ici, ils lui en veulent tous de rien avoir fait pour empêcher la centrale nucléaire.
Lui : - Faudra que je lui demande pourquoi... Mais je crois savoir.
Elle : - Le vieux t'a raconté ?
Lui : - Tu as déjà vu Cabrel dans une cause qui peut le fâcher avec quelqu'un ? Quand il défend une cause c'est qu'elle est consensuelle et lui permet de se faire de la pub.
Elle : - Tu crois qu'il est comme ça !
Lui : - L'inspecteur mène l'enquête.

Elle : - Je suis sûre que tu fais le fier ici mais là-bas tu vas être impressionné !
Lui : - On les nique les tristes figures.
Elle : - Je suis sûre que tu aimerais bien être à sa place... Ça te ferait quoi d'être une star ?
Lui : - Et toi, ça te ferait quoi d'être avec une star ?
Elle : - Moi, je te connais avant.
Lui : - Moi aussi, je me connais avant...
Elle : - Oui, mais les filles qui te draguent...
Lui : - Pas que les filles !... Les sourires... Avoir une cour... S'entourer de crétins... Ça donne parfois l'impression d'être intelligent... Tu crois que je deviendrais comme ça ?
Elle : - Je sais pas moi. Pourquoi tu réponds jamais aux questions ?
Lui : - Mais si j'y ai répondu...

Elle : - *Maman est folle* a raison, faut laisser dire les hommes.
Lui : - Si *maman est folle* a bavé... Au fait !... Elle le sait comment vous l'appelez ?
Elle : - Une fois le frangin entre dans ma chambre, je faisais mes devoirs, et il dit *maman est folle,* elle repique sa crise. J'ai pas eu le temps de l'arrêter : elle était dans la salle de bains, elle est arrivée en bondissant, un vrai kangourou, elle a poussé le frangin contre l'armoire, en hurlant « *qu'est-ce que tu viens de dire, comment t'appelles ta mère* », elle avait vraiment des yeux de folle... Tu devineras jamais comment j'ai sauvé la situation. Le

frangin m'a acheté une barrette le samedi… Devine ce que j'ai dit…
Lui : - Tiens v'la le tube de colle.
Elle : - Je t'ai déjà raconté ?
Lui : - Mais non, qu'est-ce qui rime avec folle, tu avais le tube de colle devant les yeux… Et tu t'es crue géniale, divine, carrément phénoménale !
Elle : - Le frangin m'a dit qu'il y aurait jamais pensé.
Lui : - Oui mais ton frère… Il a fait comptabilité…
Elle : - Moi aussi…
Lui : - C'est qu'il faut croire aux miracles… Car on les nique les tristes figures.
Elle : - Tu crois vraiment qu'on va réussir, qu'on va « les niquer les tristes figures » ?
Lui : - Ah ! Tu vois, tu retiens les expressions d'un film, et ça te fait une référence, ça te fait tilt quand je la replace… Tu peux en faire autant avec un livre.
Elle : - Un livre, un livre, c'est compliqué. Il y a toujours des mots que je comprends pas… Mais tu crois vraiment qu'on va « les niquer les tristes figures » ?
Lui : - Quoi ? Tu en doutes ?

Elle : - Et si les gens nous dénoncent ?
Lui : - Les gens… Qui a la conscience suffisamment tranquille ici, au point d'inviter les volatiles à venir renifler le quartier…
Elle : - Tu veux dire ?

Lui : - Que tous travaillent au noir... Et d'ailleurs, tu n'es pas la seule à être logée à titre gratuit...
Elle : - La prochaine fois, je viendrai parler avec le vieux... Il sait plus de nouvelles que la vieille... Tu as encore su des nouvelles...
Lui : - Finalement, tu aurais aimé vivre dans un coron.
Elle : - Au moins y'avait de l'animation. Donc on n'est pas les seuls, on est comme tout le monde par ici ?
Lui : - Ils magouillent par amour du fric, moi par soif de liberté, de connaissances.
Elle : - Tu crois qu'ils sont comme nous, au « *Boéron*» ?
Lui : - Comme nous, comme nous... Eux ? Des glandeurs sans grandeur, comme il existe des révoltés sans cause... Ils ne font rien, fument des joints et croient vivre...
Elle : - Je croyais que ce matin le vieux allait te demander ce que tu fais comme métier... C'est pour ça que je suis partie.
Lui : - Assureur !... On appelle toujours monsieur le Président un ancien Président... Alors tant qu'il le faudra je me ferai appeler monsieur l'assureur... Monsieur l'assureur de l'assurance, c'est bien comme situation sociale...
Elle : - Et si l'ANPE te trouve une place ?
Lui : - Dès que je serai chanté, ils me classeront auteur de chansons...

Elle : - Alors c'est vrai, tu retravailleras jamais ?
Lui : - Tu vas finir par penser comme ta mère, que ce n'est pas un travail de lire et d'écrire.
Elle : - Tu sais ce qu'elle a dit, que soit tu te remettrais à travailler, soit on va crever de faim.
Lui : - Vive le sud !
Elle : - Mais moi j'ai peur qu'ils essayent de me faire travailler. Surtout maintenant que je touche le RMI. Déjà à Douai, ils voulaient que je fasse une formation. Je crois que je vais être convoquée.
Lui : - Et au boulot ! Un contrat emploi formaté ! La plus belle des caissières, pour sourire aux portefeuilles sur pattes.
Elle : - Ah ! Non ! Je veux pas travailler… Faut que tu me fasses rapidement un enfant… Puis tu m'en feras un tous les trois ans, trois fois quatre, douze, plus vingt-cinq, trente-sept. Et à trente-sept ans avec quatre enfants, ils n'oseront quand même pas me faire travailler.
Lui : - On voit que tu as fait comptabilité !
Elle : - Moque-toi… Je veux pas être esclave moi, je veux pas devenir comme le frangin, *maman est folle* ou ta frangine… Tu m'as même dit que j'ai raison… En plus quand on travaille on est stressé, et c'est ça qui rend malade (*il sourit, sourire Bouddhiste, et joint les mains*).
Elle, *levant les yeux* : - Ça gratte.

On entend effectivement du bruit dans « le grenier », comme une meute de souris en goguette.

Lui : - Tu as bougé mes boules quies ?
Elle : - Je touche plus à tes affaires, je t'ai dit... J'ai compris... Tu aurais pu faire un vieux célibataire...
Lui : - Ah, enfin, les voilà (*il les a retrouvées sous son oreiller*)
Elle : - Tu vois, c'est pas moi *qui les a mises* là.
Lui : - C'est pas toi qui as fait le lit ?
Elle : - Oh si c'est ça je le ferai plus, de toute façon c'est une niche, on peut dormir comme dans une niche...

Il la regarde d'une expression « mon Dieu ! », levant les épaules, la tête en arrière, plissant le front.

Elle : - Tu es parti en disant : « *au moins je pourrai dormir sans boules quies !* »
Lui : - Ça te fait rire... Même avec des boules quies, elles me réveillent ! Comment arrives-tu à dormir ?
Elle : - Je les entends plus !
Lui : - Tu ressembles à ma frangine... Pourtant elle a pas grandi au bord d'une route nationale... Tu ne deviendrais pas sourde ?
Elle : - Elle rigolerait bien si elle nous voyait dormir avec un peignoir sur la tête... Tu vas lui dire qu'on a attrapé sept souris aujourd'hui.
Lui : - C'est le record ?
Elle : - Le record c'est neuf.

Lui : - Tu vois, tu t'es trouvé une occupation !
Elle : - Et même que je note vraiment tout sur le calendrier dans la « cuisine. »
Lui : - Tu notes quoi d'autre ?
Elle : - La température du matin dans « la cuisine. »
Lui : - C'est tout ?
Elle : - Les œufs, les coups de téléphone, le temps, un bâton quand je déprime, une croix les jours où on fait l'amour.
Lui : - Tu as plus de bâtons ou de croix ?
Elle : - Tu iras voir... Si tu n'as pas peur d'attraper froid dans « ma cuisine. »
Lui : - Il vaudra cher ce calendrier quand je serai célèbre... La misère du poète.
Elle : - Je le garde !
Lui : - Déjà ! Alors, si je deviens célèbre tu vas te chercher un nègre pour raconter ma vie...
Elle : - Pourquoi, tu comptes me laisser comme une vieille chaussette ?
Lui : - Pour une starlette de la jet-set !...
Elle : - Pour moi les deux degrés dans la cuisine et pour une pouffiasse la vie de château... Ce serait dégueulasse.
Lui : - J'ai lutté avec lui !
Elle : - Ça veut dire quoi ? Pourquoi quand on parle sérieux, faut toujours que tu termines par une phrase qui veut rien dire... Tu m'as jamais dit que tu veux te marier avec moi...
Lui : - Je croyais que tu étais contre le mariage...
Elle, *gênée* : - Oui, mais... Oh, pas aujourd'hui,

le jour où on aura des enfants... Puisque tu veux des enfants de moi... Ah, zut ! Faut que je retourne aux toilettes.

Elle se lève... Et sort.

Lui : - C'est quand même fantastique le progrès ! La touche haut-parleur du téléphone est la plus grande invention depuis... la crème de marrons (*il se marre*)
Elle répondrait encore : ça veut dire quoi ? Je ne l'ai même pas fait exprès d'entendre les conseils de *maman est folle* : (*imitant*)
« Tu le regretteras qu'il l'a pas mis à vos deux noms la maison. Tu verras, le jour où ça ira plus, tu te retrouveras sous les ponts, tu le regretteras, et tu viendras pas pleurer ici, rien, t'auras rien. Tu m'as pas écoutée... Tu le regretteras.
Au moins tu aurais la moitié de la maison, c'est déjà quelque chose. Dépêche-toi de te faire faire un gosse puisqu'il en veut un, et mets-lui la bague au doigt... Ecoute au moins mes conseils. T'as qu'à arrêter la pilule sans lui dire. Tu diras que tu l'avais oubliée pendant trois jours, tu seras pas la première, et un homme ça croit tout c'qu'on lui dit.
Et il va retravailler au moins, sa lubie est passée ?... »
Elle n'a quand même pas tardé pour me demander de retravailler et de l'épouser !
Ma lubie !... C'est vraiment pas la vie rêvée !

Lire et écrire… Ça devrait pourtant être le bonheur…
Pas de patron, pas de gros cons… Si au moins je pouvais l'hypnotiser durant la journée ! Puisqu'elle ne fait rien et ne s'intéresse à rien ! Au moins je pourrais lire et écrire en paix.
(*souriant*) Laissez-moi lire et écrire en paix !
Parce qu'à la radio passait « *trouver quelqu'un.* »
(*il récite*) « *Trouver quelqu'un, quelqu'un de très très bien, au moins quelqu'un pour être bien.* »
J'y ai vu un signe du destin ! Et je me suis dit (*il récite*), « *je tiendrai sa main, du soir au matin, et ce sera le nirvana.* »
Le sud, l'Amour, des pêches, des abricots, du melon !
Parfois ça frise le gâtisme mon romantisme !
Qui ose écrire des chansons pareilles ! Mais qui chantera (*il récite avec emphase*)

> *Après les jours câlins. L'amour c'est triste ce que ça devient. Quand on n'a pas au moins. Une passion en commun.*

Faut que je le note, je vais finir par l'oublier, ça peut faire une chanson (*il prend par terre une feuille et un stylo, et note*).

Elle rentre…

Elle : - Tu m'écris un mot doux ?… Oh, non, c'est l'horreur, demain je vais voir ton vétérinaire… Pourquoi tu m'as pas répondu «

mais non, quand je serai une star, il n'y aura toujours que toi dans mon cœur, ma chérie adorée d'amour tout plein » ?
Lui : - Je ne l'ai pas dit ?
Elle : - Dis-le au moins.
Lui : - J'aurais l'impression de me répéter.

Aussi pour changer de sujet, il prend le balai à côté du lit et frappe dans le lambris.

Elle : - Frappe pas si fort, tu vas passer au travers... En plus ça sert à rien. (*on entend comme des pas au-dessus*)
Lui : - Ecoute.
Elle : - Mais non, on est encore allé voir hier... C'est des souris.
Lui : - Ce sont des souris et on dirait des pas.
Elle : - Ouuuuuh !
Lui : - Arrête !
Elle : - Je te croyais pas trouillard comme ça.
Lui : - Comment des souris peuvent faire un boucan pareil ?
Elle : - Ou c'est un loir, qu'il a dit ton voisin préféré. (*il regarde en direction du téléphone*). Tu regardes si j'ai pas bougé ton couteau ?
Lui : - Tu as le tien ?
Elle : - Si *maman est folle* nous voyait ! Ou ta sœur ! Ou ta mèèère !
Lui : - Elle arrive vraiment dans un mois, *maman est folle* ?
Elle : - Eh oui !
Lui : - Faut que tu lui dises, c'est pas possible.

Elle : - Elle veut voir dans quel taudis tu as emmené sa fille chérie d'amour adorée pas tout plein.

Lui : - Elle peut attendre juillet... Au moins il fera beau, je vous laisserai magnifier le bon vieux temps du rock and casseroles et j'irai à la chasse aux papillons.

Elle : - Il fera peut-être beau dans un mois... Elle m'a encore dit aujourd'hui qu'il faut qu'elle voit ça.

Lui : - C'est tout ce qu'elle a bavé ?

Elle : - Bin oui, pour elle tu m'as forcée. Tu m'as droguée, on ne part pas comme ça avec un inconnu à l'autre bout du pays.

Lui, *souriant* : - Pas tout à fait un inconnu...

Elle : - Se connaître depuis un an, c'est pas se connaître qu'elle a dit ma grand-mère... En son temps après six mois on osait à peine s'embrasser...

Lui : - Alors Zola a tout inventé dans *Germinal*... Et ton oncle n'est pas né trois mois avant son mariage, à ta mère-grand ?

Elle : - Oh, je te dirai plus rien !

Lui : - Dans ces cas-là, on criait, hosanna au plus haut des cieux, un miracle...

Elle : - Enfin, pour *maman est folle*, c'est moi la folle... Elle trouve qu'après m'avoir emmené si loin, faut se marier, parce que les cousins croient que j'ai fugué...

Lui : - Tu veux dire un grand mariage avec même les cousins invités !

Elle : - Faudrait d'abord gagner au loto.

Lui : - Tu commences à croire que je t'ai hypnotisée.
Elle : - Je suis romantique moi, je suis une fille moi, j'ai besoin d'entendre des mots d'amour, sinon je me pose des questions.
Lui : - C'est bien de se poser des questions.
Elle : - Mais tu réponds jamais.
Lui : - Je n'ai pas dit de me poser des questions, mais de se poser des questions...
Elle : - Mais j'ai pas les réponses, moi.
Lui : - Les seules questions importantes sont celles dont les réponses sont en nous.
Elle : - Tu vois, dès qu'on parle sérieux, faut que tu dises un truc on dirait le prof de philo.
Lui : - C'est normal pour un « gourou. »
Elle : - *Maman est folle* m'a demandé si tu as pas des amis qui sont venus... Elle croit vraiment que tu es le gourou d'une secte. Elle peut pas croire qu'on est parti comme ça par ici parce qu'on a vu la maison en juillet. Tu vois qu'elle s'inquiète pour sa fille chérie...
Lui : - Gourou, parce qu'à vingt-cinq ans j'ai choisi de quitter le monde de l'absurde, le monde de la besogne, pour enfin me nourrir l'esprit, vivre en osmose avec mon intérieur.

Elle retrouve son regard de gallinacés.

Elle : - Parle pas comme ça quand elle sera là, sinon elle va vraiment te croire d'une secte.
Lui : - Gare au gourou ou ou ou ou !
Elle : - Oh non, fais-moi pas rire, j'ai trop mal... Et j'ai trop froid.

Lui : - Tu veux une niôle, c'est ça !
Elle : - On va finir poivrots si on boit à chaque fois qu'on a froid.
Lui : - On fera notre cure de désintoxication en été.

Il prend, derrière le téléphone, la bouteille et les deux verres...

Elle : - Si pépé me voyait boire du Cognac, j'aurais honte.
Lui : - Pourquoi, parce que tes cousins sont des alcoolos ?
Elle : - Et toi, tu n'as pas peur de finir comme ton père ?
Lui : - Quelqu'un qui boit parce qu'il ne peut pas apprivoiser ses fantômes est un malade qui refuse de se faire soigner ; quelqu'un qui boit pour ouvrir les vannes de l'imagination n'a rien compris à la création ; mais quelqu'un qui boit parce qu'il a froid, mérite le respect du public.
Elle : - Donc ça va, je bois parce que j'ai froid...
Lui : - Je ne suis pas ton psy !
Elle : - Arrête avec tes psys... Tu crois vraiment que je devrais vraiment en voir un ? Arrête, tu me fais peur.
Lui : - Dans vraiment il y a *ment* et comme tu l'as dit deux fois, ça fait *maman*.
Elle : - Vraiment ?
Lui : - *Maman ment* ! Tant que tu n'auras pas assumé que ta mère te déteste et que ton père s'en fout de toi...
Elle : - Tu as l'art de tout dramatiser.

Lui : - Il faut être dramatique ou comique !
Elle : - Je préfère croire que ma mère préfère mon frère et que mon père a refait sa vie.
Lui : - Tu le croiras sûrement un jour !... Crois comme tu peux ! On ne refait jamais sa vie, elle continue, tout simplement.

Ils trinquent... et boivent cul sec.

Elle : - Oh ! Ça pique !... Mais toi, comment tu as fait pour pas devenir fou avec un père pareil ?
Lui : - Ce qui ne te tue pas te rend plus fort. Nietzsche... Je suis encore loin de la paix intérieure... Je suis sur le chemin... Je n'ai pas encore atteint la racine profonde qui entrave ma liberté intérieure...

Elle retrouve son regard de gallinacés.

Elle : - Est-ce que tu m'aimes vraiment ?

Il la regarde d'un air « tu poses toujours les mêmes questions. »

Elle : - Bon, de toute façon tu répondras pas... Je retourne aux toilettes.
Lui : - Qui va aux toilettes perd ma réponse !
Elle : - Alors ?... Oh non ! Faut que j'y aille.

Elle se lève... Et sort.

Lui : - Est-ce que je l'aime ? Sincèrement ! *(il éteint la lampe)* Déjà ça de fait ! Les faits, rien que les faits, dites je le jure *(il se marre)*. Faut que j'arrête de me croire sur scène, je vais finir complètement mythomane... Ah ! Devenir fou

pour ne pas voir la fin du film...
Bon, les faits mon psy :
Petit un : je voulais partir dans le sud.
Petit deux : mais partir seul ça fait peur.
Petit trois : elle aurait vendu son âme pour quitter *maman est folle*.
Petit quatre : je veux un enfant.
Petit cinq : elle veut un enfant.
Mon tout : pas étonnant que nous ayons trouvé un terrain d'entente !... Qu'on proclame « amour »...
Mais après l'amour y'a les jours !...
Quand on n'aime pas vraiment, on devrait au moins ne pas perdre l'instant.
Travailler, travailler, y'a que ça, travailler à la connaissance, à se connaître vraiment... En restant vigilant au cas où quand même !
Vigilant pour ne pas rater le regard passionné, ce regard où l'on se reconnaîtrait sans s'être jamais vu !
Comme dans une chanson !
Je suis un grand romantique malgré mes airs de vieux misogyne attardé !
Les connes me traitent de misogyne, les femmes doivent comprendre ! Et elle seule me verra comme je suis !
Il me faut travailler, m'imprégner des philosophes, des romanciers... Sinon j'aurai une vie de con !

Elle rentre...

Lui : - Déjà !
Elle : - C'était une fausse alerte...
Lui : - Qui précède toujours une double attaque !
Elle : - Arrête hein, je bouge plus. Tu pourrais allumer au moins, avec tous tes cartons je vais encore me casser la gueule.
Lui : - Mes cartons !

Elle va à tâtons... Puis s'allonge.

Elle : - T'as pas allumé !
Lui : - Je sais que tu te plains... Mais tu connais le chemin... Tiens je pourrais peut-être en faire une chanson... Elle se plaint mais elle connaît le chemin.
Elle : - T'arrêtes pas de penser à tes chansons ! C'est énervant à force ! Je t'ai manqué au moins ?
Lui : - On dort !
Elle : - T'es pas romantique. Dis-moi au moins à quoi tu pensais.
Lui : - Je comptais les points.
Elle : - Les points ?
Lui : - Perdus et gagnés.
Elle : - Tu mets quoi dans les gagnés ?
Lui : - Ne plus voir ta mère.
Elle : - Et la tienne !
Lui : - Pas en deuxième !
Elle : - Tu as trouvé un deuxième !
Lui : - Le sud en été c'est le paradis.
Elle : - Si on tient jusque là.
Lui : - Hrrra, t'es négative !

Elle : - J'ai toujours été comme ça.

Il joint les mains en signe d'abattement... Elle ne le voit pas, forcément...

Elle : - J'ai peur de m'ennuyer, tu sais, sans télé.
Lui : - On ne s'ennuie jamais quand on fait de grandes choses.
Elle : - Tu avais préparé ta phrase.
Lui : - Mais non, je l'ai empruntée à Balzac.
Elle : - C'est pas du jeu ! Tu prends les phrases des autres, comment tu veux que je sache ce que tu penses ?
Lui : - Balzac a exprimé clairement ce qui est un peu confus dans ma tête, pourquoi m'en priverais-je. Ça sert également à ça les écrivains : donner des mots à nos pensées.
Elle : - Et c'est quoi, des grandes choses ?
Lui : - Il y a huit jours, faire de la poterie te tentait. Devenir la potière de Montcuq, c'est peut-être ta grande chose.
Elle : - Tu vois, tu te moques. Je te dirai plus rien.
Lui : - C'est sûr que la littérature est au-dessus de la poterie... Mais la poterie, c'est mieux que l'ennui... Peu importe le domaine finalement, l'essentiel étant de se dépasser...
Elle : - Se dépasser ?
Lui : - Dépasser notre humaine condition, tendre vers un absolu.
Elle : - C'est trop compliqué pour moi... Tu es déçu de pas avoir rencontré une intellectuelle ?

Lui : - Tu ne m'as pas déjà posé la même question hier ?... On dort...

Le rideau se ferme

Elle : - Tu m'embrasses encore quand même ?
Lui : - Tu crois que je vais réussir à me tourner ?... Ouille !

Ils s'embrassent.

Elle : - Tu essayes quand même de me faire l'amour.

Rideau

Acte 2

Même décor. Le lendemain matin. Le téléphone sonne. Le rideau se lève. Lumières éteintes.

Lui, *la voix pâteuse* : - Ouais.

Lui, *la voix pâteuse* : - Ouais.

Lui, *soudain réveillé* : - Quoi dix heures ! Dis pas n'importe quoi.

Il tâtonne, allume la lampe à sa gauche, prend sa montre à côté, s'appuie contre le mur...

Lui : - Ah ouais, tu as raison.
Elle, *doucement* : - Qui c'est ?
Lui, *tout en mimant la guitare avec la main gauche* : - C'est à cause de ces satanées souris, elles nous ont empêchés de dormir.
Elle, *doucement* : - Mets le son.
Lui, *doucement* : - Hrra.
Elle, *doucement* : - Pour une fois que je peux rire, allez.

Il appuie sur la touche haut-parleur

La voix au téléphone : - ...me remémore chez mamie, gamin toujours j'étais persuadé d'entendre quelqu'un marcher au grenier, ça se passait à sa résidence secondaire en Touraine ; alors le vieux Charles, son domestique, paix à sa gracieuse âme, venait dans la chambre tant

que je m'endorme... On jouait comme des fous... Il m'a tout appris... Enfin, l'essentiel.
Lui : - Et tu as travaillé les textes ?
La voix au téléphone : - Je ne te téléphone nullement au sujet des textes, mais pour te donner mes derniers conseils... Tu sais comme j'ai parlé de toi de manière élogieuse... Donc ne va surtout pas te répandre en bêtises, surtout pas une critique sur les chanteurs que tu déplores du caniveau... Ce sont peut-être eux qui demain nous chanteront, tu sais comme il est primordial d'être bien vu. La réputation c'est essentiel. Et tout le reste, comme je t'ai déjà expliqué... Tu es en forme ?
Lui : - À part le dos, la tête et le côté, ça va !
La voix au téléphone : - Et ta copine, elle va bien ?
Lui : - Elle t'entend, si tu veux la saluer...
La voix au téléphone : - Je vous salue chère mademoiselle...
Elle, *se retenant de rire* : - Je vous salue cher monsieur.
La voix au téléphone : - Bon alors j'évite de verser dans la grivoiserie !... Tu as préparé tes textes, parce que tu sais, ah, non ! Je ne t'ai pas encore informé, oh ! Où ai-je la tête parfois, bon, il te reste le temps. Il faut à tout prix que tu arrives avec des chansons toutes prêtes, c'est la légende ça de proclamer que les auteurs écrivent des chansons à Astaffort... Y'a tellement d'autres choses à faire. Si tu joues le jeu tu vas te retrouver avec un seul

petit texte chanté le samedi soir. Pour réussir il convient de bien faire semblant d'écrire... Mais je suppose, tu avais deviné.
Lui : - Bin, non... Comment pourrais-je savoir ce que les interprètes vont vouloir.
La voix au téléphone : - Mais mon chou, l'interprète ne sait jamais ce qu'il veut, il faut lui mettre dans la bouche et après il s'exclame « c'est bon. »
Elle, *doucement* : - Tu vas pas dire, il est un peu olé olé...
Lui, *en appuyant sur la touche discrétion* : - Il aime bien se donner un genre... Le genre show-biz quoi !... Bises bises bisous... Le snobisme du show-biz... C'est vraiment super cette touche, je peux le traiter de compositeur de merde et il va approuver !
Elle : - Et le jour où la touche marchera plus ?...
Lui : - Imagine que ce soit ta mère de l'autre côté !
La voix au téléphone : - Alors, tu as tout enregistré ?

> *Durant les dialogues entre ELLE et LUI, on entend la voix au téléphone sans comprendre.*

Lui, *abandonnant la douche discrétion* : - Naturellement, c'est pourri, mais on les nique les tristes figures !
La voix au téléphone : - Ah zut, the big big boss, fais pas de bêtises hein, bisou... Je vous

tiens informé dès la validation du dossier, au revoir cher ami.
Lui : - Tchao !
Elle : - Ils sont tous comme ça les compositeurs ?
Lui : - Va plutôt préparer mon chocolat !
Elle : - Puis je t'ai déjà dit que j'aime pas quand tu dis tchao.
Lui : - Je sais... Ça te rappelle ton ex !
Elle, *troublée* : - Comment tu sais ?... Je te l'ai jamais dit... La garce, *maman est folle*, pour essayer de me faire du tort... Elle t'a dit quoi d'autre ?
Lui : - Mais non, pour une fois *maman est folle* n'y est pour rien.
Elle : - Comment tu saurais alors ?
Lui : - Les mots, en eux-mêmes, n'ont aucune raison d'être détestés. Si quelqu'un déteste un mot, la raison se trouve dans son passé.
Elle, *chagrinée mais admirative* : - T'es vraiment trop intelligent, c'est pas du jeu. Alors va falloir que je me méfie de ce que je dis avec toi...
Lui : - Pourquoi, tu as tant de choses à cacher ?
Elle, *troublée* : - Non... Mais toi tu ne me parles jamais de ton passé et tu voudrais tout savoir du mien, c'est pas du jeu ! Moi aussi je devine des choses... Je suis la plus belle fille que tu as connu... Et comme toi tu es le plus intelligent, faut vite qu'on se dépêche de faire des enfants... Tu te rends compte, ma beauté et ton intelligence...

Lui : - Et si c'était le contraire !
Elle : - Quoi le contraire ?
Lui : - Ton intelligence...
Elle : - Ah, t'es pas marrant ! En plus aujourd'hui c'est ton jour de faire le petit-déj...
Lui : - Quoi ! J'ai le dos en compote, le cou en marmelade, la tête en tambour et le côté qui s'dilate... Et tu ne m'apporterais pas mon petit-déjeuner !
Elle : - Il caille dans la cuisine...
Lui : - Pas plus que hier, je suis certain... Dans six mois tu seras habituée... Mon amour.
Elle : - Mais dès que ton dos va mieux, c'est mon tour de m'allonger et d'attendre en prenant un bouquin.
Lui : - Qu'est-ce que tu ferais avec un bouquin ?
Elle : - Comme toi !
Lui : - Tu sais... (*il se retient... mais ne peut pas se retenir !*) Y'a rien à colorier !
Elle : - Dès le matin faut que c'est ma fête.
Lui : - C'est pour te réchauffer.
Elle : - Tu as de la chance que j'ai faim.

Elle se lève, prend son manteau, les gros gants de laine...

Lui : - Mais tu t'es levée sans crier aïe !
Elle : - Ah oui ! J'y pensais même plus !

Les jambes bien droites, elle touche ses pieds avec les doigts, d'un geste très sportif.

Elle : - J'ai connu un mec qui me faisait faire des abdos dès qu'il me trouvait un gramme de graisse... Qu'est-ce qui me prend de te dire ça, tu vas encore me le ressortir un jour en te moquant (*elle ouvre la porte*).
Lui : - Bon voyage.
Elle : - Pacha va !
Lui : - Mets bien le chocolat et le sucre dans le lait avant de faire chauffer...
Elle : - Je sais, chef... C'est vrai que tu aimes bien commander...
Lui : - Oui mon amour.
Elle : - Ah ! Tu sais enfin que c'est comme ça qu'il faut me répondre... Mais on dirait ton compositeur ! (*elle sort*)
Lui, *haussant la voix* : - Et pense à faire quelques abdos...

Elle rouvre la porte, lui tire la langue et repart en courant.

Lui : - On pourrait nous croire amoureux ce matin. Peut-être même qu'avec dix-neuf degrés nous aurions fait l'amour !
Mais j'ai encore rêvé d'elle ! L'Amour ! J'ai peut-être tort de m'obstiner à le rêver avec une majuscule. Les autres se font bien une raison ! Et sans cet idéal, on peut peut-être se faire une vie bien gentille.
Mais quand on a vécu une fois l'Amour... Il me reste au moins ça, j'ai vécu une fois l'Amour...
Deux névrosés s'Aimaient...
Trop névrosés pour comprendre ce qui nous

arrivait. On croyait retrouver facilement ça ailleurs... Et nous n'avons presque rien vécu ! Les cons !
Mais si je me laisse enfermer entre deux choix extrêmes, seul ou le grand Amour, je vais finir mes jours entre mille bouquins ! Et en plus sans enfant...
C'est terrible : elle veut un enfant, je veux un enfant. Ce sera le même enfant. Et quelque part, je ne me sens pas le droit de te refuser de naître...
Alors, après, après j'aurai peut-être la force... L'enfant sera là... J'aurai réalisé l'un de mes rêves... De toute manière, grandir entre des parents en guerre froide tiède ou chaude, ou grandir en voyant rarement papa, ta névrose ne sera pas pire en me voyant peu...
Après, oui, peut-être, comme le devoir accompli, la finalité de l'existence se limitant si souvent à la reproduction de l'espèce, je pourrai essayer de te chercher...
La femme belle. Rebelle. Spirituelle. Intellectuelle. Intègre...
(*de plus en plus rêveur*) Dans un salon de thé nous irons papoter. Je t'offrirai des roses. (*souriant*) Tu me confieras ta névrose... Je ne peux pas rester sérieux ! Mais bon, avec roses, faut bien trouver une rime ! Laissons aux chanteurs amis de Jean-Louis Foulquier la cirrhose... Avec offrir je rime plaisir !
Mais quand ?... M'aimera-t-elle?...
M'appelleras-tu « l'homme de ma vie » ?...

Mozart, la femme qu'il aima lui préféra un crétin. Alors que Dieu me protège, moi qui ne connais même pas le solfège !...
Je serai dans quel état si tu me préfères un crétin ?...
(*il sourit... jaune*) Et ce ne serait pas la première fois !
Ah ! Ne jamais connaître le goût de tes lèvres, de ta peau... (*lyrique*) Ne jamais Aimer dans la joie de vivre, ne jamais partager le bonheur d'être né, ne jamais dépasser la platitude d'une habitude par effroi de la solitude... (*dépité*) Toujours parler sans être compris...
Belle, rebelle, spirituelle, intellectuelle, intègre...
Les critères !
Mais quel prénom ?
Puisqu'elles ont débuté les longues années de patience...
Avec intègre... ne rime que vinaigre !...
Avec intellectuelle...
(*songeur*) intellectuelle, intellectuelle, spirituelle, spirituelle...

Elle ouvre la porte, passe la tête.

Elle : - Alors, le pacha, tu rêvasses pendant que je me gèle. J'ai donné à manger à ton chien.
Lui : - Puisqu'il t'a dit merci, j'aurais l'impression d'être sa voix dans un dessin animé.
Elle : - Pfou... Ça chauffe.

Lui : - Laisse pas sauver... Pour une fois !
Elle : - Je venais juste voir si tu ne t'ennuies pas... Tu pourrais me dire, viens m'embrasser mon amour... Même pas !
Lui, *parodique* : - Oh, kiss me, my love !
Elle lui lance le pain.
Elle : - Trois tartines. Je referme bien la porte pour surtout que tu n'attrapes pas froid... Regarde mon nez ! (*elle referme la porte*)
Lui, *plus fort* : - Laisse pas sauver... Ma Pinocchio chérie...

> *Il prend le plateau à côté du lit, un couteau, coupe le pain, prend le pot de chocolat, l'ouvre... Tout en poursuivant ses réflexions... Au point de délaisser régulièrement le pain...*

Finalement, la langue française prétendue si riche est bien pauvre côté cœur. Je t'aime pour une amourette. Je t'aime pour une femme de quelques années faute d'absolu. Je ne mens même pas quand je répète « moi aussi », ou quand dans l'enthousiasme jaillit un « je t'aime. »
J'aime comme on aime si souvent. Je t'Aime, comment j'oserai te le dire...
(*pause en extase* : *il voit LE BONHEUR*)
(*toujours en extase* : Il te faut un prénom ! ou un visage !)
(*toujours en extase* : « *Quelquefois j'ai vu ce que les hommes ont cru voir* »)

(*légèrement dépité* : Le voir le voir... mais le vivre !)
(*retour en extase* : *il voit de nouveau LE BONHEUR*)
    Elle arrive doucement, le regarde, surprise.
Elle : - Ça va ?
Lui, *surpris* : - Oui !... Pourquoi ?
Elle : - Tu avais les yeux du frangin quand il a fumé deux joints (*elle pose le plateau sur le lit*).
Lui : - Y'en a, il leur faut ça !
Elle : - Tu pourrais dire merci.
Lui, *mécanique, encore dans ses visions* : - Merci mon amour.
Elle : - Quoi ! Tu n'as même pas fait mes trois tartines !
Lui : - Mange déjà les deux premières !
Elle : - Ah zut ! J'ai oublié le sucre pour mon café, parce que moi je le mets pas directement ! Tu vas pas lire au moins aujourd'hui en déjeunant... Oublie pas ma troisième tartine, ou je te dévore... (*elle se lève et sort, toujours de très bonne humeur*)
Lui : - Lire. Lire. Tant de romanciers. Tant de philosophes. À découvrir. À lire et relire. Qu'il serait inexcusable de perdre du temps. Avec quelqu'un de vraiment trop différent.
Je sais et pourtant je vais continuer... Bon elle n'a pas que des défauts, je vais peut-être m'habituer... Les femmes aiment et les

hommes s'habituent… Oui mais moi je suis un écrivain !
Elle va arriver et me trouver triste. « Qu'est-ce qui se passe, tu en fais une tête, tu as des idées noires ? »
On sait toujours ! Enfin on pressant souvent. Mais on espère se tromper ! Force de dire non à la fatalité ou lâcheté de ne pas savoir prendre une décision brutale… Un peu des deux… La vie quoi !

Elle rentre…

Elle : - Qu'est-ce qui se passe, tu en fais une tête, tu as des idées noires ? Vous avez des idées noires, comme dit monsieur Lemort… Tu sais que *maman est folle* va le voir que quand elle veut des arrêts de travail (*il croque dans sa première tartine, et le petit-déjeuner débute*), c'est le seul docteur qui donne tout le temps des arrêts de travail, parce qu'avec un nom pareil il sait que les gens qui se sentent malades ils vont jamais le voir.
Lui : - Il aurait le droit de changer de nom… Comme l'a eu madame La Raie.
Elle : - Pourquoi elle a eu le droit de changer de nom ? La Raie, c'est pas un nom vilain.
Lui : - Sauf que tout le monde souriait en lui disant bonjour !
Elle : - Là je comprends pas… Et là je suis sûre que personne à ma place comprendrait… Madame La Raie… Tu demanderas à Cabrel, je

suis sûre que madame La Raie il trouve que c'est pas un nom plus con que monsieur Souchon... Mais dis pourquoi au lieu de rire... Ça doit encore être tordu.
Lui : - Tu vois qu'il ne me raconte pas que des conneries le vieux ! Madame La Raie... de Montcuq.
Elle, *qui manque s'étrangler avec son café* : - C'est pas vrai ! Tu viens de l'inventer !
Lui : - C'est ce que tout le monde croira dans cinquante ans. Alors tu peux le croire dès maintenant.
Elle : - J'ai rêvé que *maman est folle* venait habiter par ici.
Lui : - Je croyais qu'elle avait demandé sa mutation à Nice.
Elle : - Oui mais elle l'a eue par ici pour rapprochement familial... C'est qu'un rêve hein ?... Ça va pas arriver vraiment... Tu crois que les rêves sont primonotoires (sic) ?...
Lui : - Ah !
Elle : - Tu vois, je connais quand même des mots savants.
Lui : - Mais pour que tout le monde comprenne, tu devrais quand même utiliser prémonitoire.
Elle : - Ah non ! C'est primonotoire, alors là j'en suis sûre ! Primo et notoire l'un derrière l'autre, c'est facile à retenir. Je l'ai vu dans un magazine sur les rêves.
Lui : - Regarde quand même dans le dictionnaire... (*il se penche et attrape un dictionnaire*)

Elle : - Ah non ! Pas maintenant... En plus c'est mauvais de lire en mangeant... Alors, tu crois que parfois les rêves ça arrive ?
Lui : - Ah ! (*rêveur*) Parfois ce serait bien...
Elle : - Ah ! On serait riche, ce serait super, on aurait le chauffage central, on irait en vacances aux Baléares, on aurait une grosse voiture, un caméscope, des chevaux... Quoi d'autre encore, mon amour ?...
Lui, *éploré, il la regarde* : - Un frigidaire, une armoire à cuillères, une lampe solaire, un portail mécanique, et une belle-mère en hôpital psychiatrique !
Elle : - De toute manière, elle quittera jamais Douai, c'est pour se donner un genre qu'elle demande sa mutation, elle sait qu'elle l'aura pas, elle a même pas sa carte du syndicat.
Lui : -Tu en connais des gens du nord qui ne rêvent pas du sud ?
Elle : - Ta sœur !
Lui : - C'est l'exception.
Elle : - Oui mais ils partent pas, ou quand ils partent ils ont de l'argent, ils prennent leur retraite à Menton.
Lui : - Tu aurais préféré bosser comme des fous pour à la retraite partir promener nos rhumatismes entre les crottes de chiens ?
Elle : - *Maman est folle* t'a déjà répondu « c'est les hommes qui bossent »... Si tu avais travaillé cinq ans de plus, on aurait au moins eu une maison où on sent pas le vent passer partout.
Lui : - Tu vas finir par me maudire !

Elle : - Heureusement que je t'aime. Tu peux te moquer de moi, mais y'en a pas deux des filles aussi belles que moi qui accepteraient de vivre dans le froid.
Lui : - Mon héroïne ! Tu dev-
Le téléphone sonne.
Lui : - Quand on parle de la folle !... Elle pense à sa fille préférée durant sa pause (*il lui passe le téléphone*).
Elle : - Allô !
Elle : - J'ai apporté son petit-déjeuner au lit à monsieur et on déjeune.
Lui, *doucement* : - Mets le haut-parleur au moins.
Elle : - Hier soir on n'a pas pu s'endormir à cause des souris.
Lui, *doucement* : - Insiste bien sur les souris.
Elle : - Bon je mets le son et je te passe ton frère qui me disait d'insister sur les souris pour que ma mère voit pas où ton frère a emmené sa fille chérie (*elle appuie sur la touche haut-parleur et lui passe le téléphone*).
La voix au téléphone : - Alors le retraité. Vous avez la belle vie, on n'a pas de soucis dans le sud, être encore couché à cette heure-ci ! C'est la belle vie, moi ça fait bientôt trois heures que je suis au boulot. Là Goldorak est parti à la banque alors j'ai un peu de temps. J'appelle sur la ligne du fax, c'est la seule maintenant qui est pas en facture détaillée, ça lui permet

de téléphoner aux Etats-Unis sur les frais de la société, parce que je vous ai pas dit il a une nouvelle gonzesse, Goldorak, encore une mannequin, Angélique, qu'elle s'appelle. Avec les sous ! Là elle est partie pour *(il pose le téléphone sur le lit, entre eux)* un défilé en Virginie. Mais vous avez moins froid au moins ? Ah, je croyais que j'allais devoir raccrocher car le magasinier vient de passer mais il est pas rentré. Faut dire il est déjà venu deux fois prendre du café aujourd'hui. Tu sais pas que ce matin Goldorak a cassé du sucre sur le dos de la femme de ménage, il la traite de fainéante parce qu'elle est sortie de l'hôpital depuis huit jours et elle est encore en congés maladie, alors que depuis quinze ans elle a pas posé une seule fois, alors qu'elle va...

Elle, *appuyant sur la touche discrétion* : - Tu devrais lui dire à ta sœur que tu t'en fous de ses histoires... Mais moi j'aime bien, au moins elle emploie pas des mots compliqués, elle parle de la vie de tous les jours, elle est simple elle au moins.

Lui : - Tu devrais être lesbienne.

Elle : - Y'a pas que le sexe dans la vie.

Lui, *souriant* : - Même dans la tienne !?

Elle : - Tu t'en plains pas toujours !

La voix au téléphone, *fort* : - Vous êtes plus là ?

Lui, *il écarte son doigt de la touche discrétion* : - Tu n'as pas posé de question.

La voix au téléphone : - Mais tu pourrais dire oui, commenter au moins.
Lui : - Alors tu es décidée à venir quand Goldorak aura l'extrême bonté de t'accorder des congés ?
La voix au téléphone : - Oui, bin, je sais pas encore quand je pourrai les prendre, je lui ai dit que j'aimerais bien le savoir rapidement cette année parce que cette année je compte partir dans le sud et que pour réserver il faut que je le sache rapidement, tu sais pas ce qu'il a osé me répondre ? Il a osé me répondre que j'y ai droit mais que lui n'est pas obligé de me donner la date avant de savoir quand ça l'arrangera. Tu vois le con. Si je devais réserver je pourrais pas réserver. Là y'aura de la place pour les vieilles ?
Lui : - Et la reine de la ruche, elle va venir ?
La voix au téléphone : - Elle dit qu'elle est trop vieille pour un voyage comme ça, que c'est aux jeunes de revenir. Elle dit que vous deviez pas partir, que vous lui avez pas demandé son avis. Elle dit. Elle dit. Je lui dis de se calmer car sa tension elle monte. Ah ! Elle a pas encore pris ses billets de train. Elle dit qu'on va se perdre, elle dit qu'on va se faire attaquer ou jeter par une porte du train.
Elle, *appuyant sur la touche discrétion* : - C'est marrant, tu vois elle a lu moins de bouquins que toi et tu arrives pas à en placer une.
Lui : - Tu crois que l'important c'est de parler ?
Elle : - C'est toujours elle qui a le dernier mot.

C'est une femme, une femme faut que ça ait le dernier mot.
Lui : - Alors qu'on peut tout se dire d'un regard !
Elle : - Qu'est-ce que tu veux encore dire ?
Lui : - Ecoute le téléphone (*elle abandonne la touche discrétion et écoute*).
La voix au téléphone : - …on leur a dit que tu vas voir Cabrel, on leur a dit comme tu as dit de dire, un des huit auteurs francophones retenus par Francis Cabrel, ça les a impressionnés, ils ont demandé s'il allait te chanter, on leur a dit qu'on espère, ton cousin a dit qu'il veut un autographe.
Lui : - Qu'est-ce qu'il va faire avec mon autographe ?
La voix au téléphone : - Comme si ! De Cabrel.
Lui : - Tu lui répondras que Cabrel sait pas écrire, il a un nègre.
La voix au téléphone : - Oh faut s'attendre à tout, le show-bizness c'est la décadence, je sais pas dans quel milieu t'es embarqué, je sais pas ce qui t'a pris d'écrire des chansons, enfin, si ça rapporte des sous on en verra peut-être la couleur.
Elle : - Moi j'espère en voir de la couleur…
La voix au téléphone : - Qu'est-ce qu'elle dit à côté, elle se moque encore de moi ?
Elle : - Pour une fois que je me moque pas, c'est ton frère qui se moque tout le temps des autres, mais maintenant je fais comme tu m'as

dit, je fais plus attention, c'est un homme hein, je te disais que j'espère en voir la couleur moi, des sous de ses chansons.
La voix au téléphone : - Il faut tenir la caisse.
Elle : - Ah zut ! Faut que j'aille aux toilettes... Je vais aux toilettes et je reviens (*elle se lève...*).
La voix au téléphone : - Ah ! Le magasinier ! Ah il m'embête ! Je vais pas refaire du café à cette heure-ci... Bon je vous laisse... Oui, vous recevrez la livraison dans la
Lui : - Bonne nuit (*il raccroche*).

Il regarde le téléphone comme s'il l'interrogeait, hausse les épaules...

Lui : - Mon Dieu ! Vieillir ! Vieillir ! Dire qu'elle aussi, elle a eu quinze ans ! Elle a eu vingt ans. Elle a dû rêver. Vieillir. Vieillir. Pas avancer vers la connaissance mais se dégrader doucement, s'étioler, s'effilocher, s'éteindre, rapetisser, s'amenuiser...
Non, il n'y a pas de fatalité ! Ce monde n'est pas le monde. C'aurait été tellement différent si... Si au moins un rêve était devenu réalité... Mais à quoi bon me torturer !... (*il pense visiblement à quelqu'un*) Si tu n'étais pas déjà junkie. « Je t'aime mais je t'ai connu trop tard. » Vingt-deux ans et déjà condamnée à seulement danser avec moi, obéir, s'allonger pour obtenir sa dose... Putain de drogue. Ah ! Où es-tu ? Qu'es-tu devenue ?

Si tu n'avais pas cru que deux années t'attachaient à ce type ! Ce type, type forcément, me préférer à des souvenirs... M'allumer et refuser de t'enflammer !... Ah ! Si enfin tu t'enflammais ! Nous serions les deux torches sous le porche du temple que tu contemples...
Si tu ne militais pas, ma pauvre Bovary ! Parce que tu souffres d'un manque de racines, reprendre la dialectique revendicative des leaders régionalistes ! Les langues régionales comme racine d'un peuple... Endoctrinée au communautarisme. Enfin, tu es en analyse... Tout n'est peut-être pas perdu... Mais te souviendras-tu de moi quand tu auras fait la paix avec les ombres de ton passé ?...
Un coup de fil et j'accours ! Ou plutôt je t'accueille les bras ouverts !
Tu parles d'un amour dans le sud ! Mais non, ce n'est pas retourner en arrière... Mes pauvres Bovary, mes passantes, oui vous êtes trois pauvres Bovary mes jolies passantes... Qui pourrait le croire, quand je pense à quelqu'un, c'est sans un grand souvenir... Juste des mots, des sentiments, aucun contact physique...
Quand tout est resté au stade du possible, ça laisse une chance pour l'avenir... Je ferai le deuil... Sauf de Toi ! Si tu es vraiment rebelle et spirituelle... J'ai toujours cru trouver l'intelligence dans la beauté !
Sinon je ferai le deuil de toi aussi ! Na !
Elle me tuerait, me mordrait au moins ! Si elle

savait que je préfère faire l'amour dans le noir pour penser à Toi...
L'Amour, est-ce que je cherche vraiment l'Amour ?... Ou est-ce qu'une compagnie me suffit, une petite histoire banale, bancale, dans laquelle je n'ai pas à m'investir affectivement, en gardant quelques fantasmes avec les passantes...
Trop de blessures non cicatrisées ? Avec le temps... On aime différemment ! Je cherche l'Amour ou matière à écrire ? Des perturbations, des frustrations ?... Quand j'aurai trois cents textes de chansons, je pourrai voir la vie autrement !
Allez ! Au travail. Plus vite j'aurai réalisé mon œuvre, plus vite je pourrai vivre l'Amour ! Et j'écrirai des romans, paisible, de huit à douze... Ou alors après trois cents chansons, direct en analyse !

> *Elle rentre... Revient s'asseoir sur le lit, dos au mur.*

Lui : - Tu vas faire une analyse ?
Elle : - J'en ai fait une... *(elle pâlit, voix tremblotante)* Pourquoi, tu m'as trompée ?
Lui : - Quoi ?
Elle : - On a fait une prise de sang avant d'arrêter les préservatifs. On n'avait pas le sida. *(il sourit)* Pourquoi tu veux que je refasse une analyse ? Pour les gammas le vieux a contrôlé, c'est bon...

Lui : - Pas une analyse de sang ni d'urine, une analyse, une vraie analyse, psychiatrique.
Elle : - Arrête, déjà hier soir tu m'as dit ça, je suis pas folle.
Lui : - Pourquoi, ta mère en a fait une ?
Elle : - Tu sais pas qu'un jour elle a été avec un psychiatre et qu'il lui a dit « tu devrais faire une analyse. » Ah oui, il avait dit une analyse aussi, elle en a été malade pendant huit jours... Mais chut surtout, son gros le sait pas, c'est quand il est resté bloqué dix jours en Italie... Mais pourquoi tu me demandes ça ?
Lui : - Juste pour savoir ton opinion sur l'analyse.
Elle : - Pourquoi, tu crois vraiment qu'il faut que j'en fasse une... Oh non, je pourrais pas aller raconter des conneries comme ça à un vieux barbu... Ils sont vraiment tous fous les psychiatres, ça c'est ma prof de français qui l'a dit... Mais pourquoi tu me parles encore de ça ? J'ai dit une connerie ?
Lui : - Tu trouves qu'on ne parle pas et dès que je te demande ton avis, tu t'inquiètes.
Elle : - Jamais personne m'a posé des questions pareilles.
Lui : - C'est normal !
Elle : - Ah ! Tu vois, alors pose-moi des questions intéressantes.
Lui : - Quelle est ta couleur préférée ?
Elle : - Jaune et bleu... Aussi rouge. Les couleurs vives.

Lui : - Si tu changeais une chose à ton apparence ?
Elle : - Pourquoi tu demandes ça, qu'est-ce qui te plaît déjà plus en moi ?
Lui : - Donc tu ne changes rien.
Elle : - Je grossirais. Ah non, tu aimes les minces !
Lui : - Quel est le trait principal de ton caractère ?
Elle : - Pourquoi tu demandes ça... Arrête, j'ai l'impression de répondre à des questions.
Lui, *souriant* : - Quel est le trait principal de ton caractère ?
Elle : - L'égoïsme... D'après *maman est folle*... Mais c'est pas vrai, hein mon chéri ? C'est la gentillesse. Hein, je suis gentille. Trop même !
Lui : - Ta devise ?
Elle : - Je n'ai pas de devise... C'est quoi une devise ? Arrête de me poser des questions compliquées.
Lui, *didactique* : - Une devise, une phrase qui résume ta pensée de la vie, par exemple reprendre Henri Michaux « *L'être humain est toujours très en deçà de ce qu'il pourrait être* » (*elle le regarde d'un air « qu'est-ce que ça veut dire ? »*). Mais ça peut être plus simple. Pour les Dupond Dupont on peut considérer que leur devise c'est la formule « *Je dirais même plus...* »
Elle : - Non, j'ai pas de devise... On est pas obligé d'en avoir ?

Lui, *souriant* : - Quelle est la qualité que vous préférez chez un homme ?
Elle : - Arrête, j'ai l'impression d'être à la télé.
Lui : - Ça pourrait pourtant continuer ainsi, une vie à se poser des questions, à trouver des réponses, une vie ainsi, c'est une belle vie, non ?
Elle : - Parfois je me demande si tu es sérieux, si je dois rire ou croire ce que tu dis.
Lui : - Et alors ?
Elle : - Je sais pas moi, tu me poses de ces questions.
Lui : - Je crois que je vais lire un peu !
Elle : - Et le feu ?... Ah, je sais, tu as mal au dos.
Lui : - Et tu sais que quand j'ai bu un chocolat, il me faut une heure de digestion.
Elle : - Tu n'as qu'à boire du café comme tout le monde.
Lui, *fredonnant* : - J'aime ses bas couleur chocolat...
Elle : - Attends, quand il fera beau, tu vas rejointer.
Lui : - Rejointer... Rejointer ! Et ma formation ?
Elle : - Ta formation ! Même moi je saurais faire des joints... N'importe quoi une formation pour des joints !
Lui : - Ma formation d'écrivain.
Elle : - Écrivain, y'a pas d'école pour ça, si tu es écrivain tu écris, sinon c'est que tu n'es pas écrivain !
Lui : - Tu veux dire que pour toi je ne suis pas

écrivain car un écrivain n'a pas à lire mais seulement à écrire ?
Elle : - À la télé on dit toujours qu'un écrivain a écrit un livre, on dit pas qu'il en a lu un. D'ailleurs, un jour quelqu'un a dit que la majorité des livres, personne les lisait. Un écrivain est comme tout le monde, il lit quand il n'a vraiment rien d'autre à faire.
Lui : - C'est-à-dire ?
Elle : - Je sais pas... Quand il prend le train.
Lui : - Tu plaisantes ?
Elle : - Pourquoi, j'ai dit une connerie, on lit pas dans un train ?... Depuis que je te connais tu dis que tu es écrivain mais j'ai jamais vu un livre !
Lui : - Et toutes les pages que je t'ai montrées ?
Elle : - Je t'ai déjà dit que c'est trop compliqué... Si tu veux que je te lise, il faut écrire simplement... C'est comme tes chansons, les gens veulent des trucs simples, un livre si faut chercher un mot dans le dictionnaire... De toute façon j'ai pas de dictionnaire.
Lui : - Tu n'as jamais eu de dictionnaire ?
Elle : - À quoi ça sert ? Là je suis d'accord avec *maman est folle*. Quand la prof de français avait noté d'acheter un dictionnaire, le soir elle m'avait dit « *De toute façon si tu regardes une définition, le lendemain tu t'en souviendras plus* »
Lui : - Mon Dieu *(il joint les mains, sourire Bouddhiste)* !
Elle : - Moque-toi de moi, mais tu verras, à

Astaffort, tu vas pas rencontrer des intellectuels. Les chanteurs, ça a pas fait d'études, c'est des gens comme nous. Cabrel il vendait des chaussures, il a pas fait d'études.
Lui : - Ça s'entend.

Elle : - Je suis sûre que tu oseras pas lui dire ça… Ah, pis arrête de regarder le plafond, j'ai toujours l'impression que tu penses à une autre.
Lui : - Va falloir que tu t'habitues, c'est comme ça un écrivain.
Elle : - Arrête de te croire écrivain, tu n'as pas d'éditeur… Pourquoi tu n'envoies pas au moins tes papiers à des éditeurs ?
Lui : - Des éditeurs ? Mais ça sert à quoi un éditeur ? Si tu es connu tu n'as pas besoin d'éditeur, et si tu n'es pas connu tu ne les intéresses pas, alors je ne vois pas pourquoi je perdrais du temps avec des éditeurs. L'éditeur est la sangsue de l'écrivain.
Elle : - Si tu n'as pas d'éditeur tu n'auras pas de bouquin, toi qui es logique, tu aurais dû y penser.
Lui : - Je serai mon propre éditeur.
Elle : - Là tu rêves… Ça doit coûter une fortune…
Lui : - Mais non, c'est simple comme tout. Auteur-éditeur. L'auto-édition, la voie de la liberté, ni Dieu ni maître, aucun intermédiaire, du créateur au lecteur. L'auto-édition est l'avenir de l'édition.

Elle : - Arrête, ils ont tous des éditeurs les écrivains.
Lui : - Moi je serai mon propre éditeur... Quand je serai connu grâce à la chanson.
Elle : - Parfois, je crois que tu rêves ! Et comment tu feras pour vendre ?
Lui : - J'irai dans la rue. Jean-Paul Sartre vendait bien *la cause du peuple* dans la rue.
Elle : - Peut-être, mais tu as vu, il est pas connu.
Lui : - Jean-Paul Sartre, pas connu !
Elle : - Il passe jamais à la télé (*effondré, il la regarde*).
Lui : - L'existentialisme, tu connais ?
Elle : - Pourquoi tu emploies toujours des mots compliqués ? (*il joint les mains, sourire Bouddhiste*)
Elle : - J'ai dit une connerie ? Il est connu ton Jean-Paul Partre ? Oh ! Je suis pas une intellectuelle moi (*énervement*)... T'es compliqué comme mec... Finalement tu as des cheveux longs mais t'es pas cool, on t'a déjà dit que t'es un faux baba cool ?
Lui : - C'est mieux qu'un vrai qui fume des joints.
Elle : - Et t'es pas un hardeux non plus... Alors, pourquoi tu as des cheveux longs ? Oui, tu m'as jamais dit, t'es pas baba cool et t'es pas hardeux, alors pourquoi tu as des cheveux longs ?
Lui : - Et toi, pourquoi tu as les cheveux longs ?

Elle : - Je suis une fille, moi… Je crois pourtant que tu as remarqué.
Lui : - Alors, un mec, avoir des cheveux longs, c'est forcément un signe communautaire identitaire !
Elle : - Tu es reparti dans tes mots compliqués… Je crois que tu le fais exprès pour que je comprenne pas.
Lui : - C'est juste que je me préfère avec des cheveux longs.
Elle : - Tu vois que quand tu veux, tu peux le dire simplement. Je suis sûre qu'on va finir par se comprendre (*triomphante*). Alors je te pose une autre question ! Tu dis que tu es écrivain, alors pourquoi tu écris des chansons ?
Lui : - Ah !
Elle : - Ah, non ! Donne-moi une vraie réponse. Et simplement.
Lui : - C'est un entraînement.
Elle : - Explique mieux.
Lui : - Avant d'arriver à la forme aboutie qu'est le roman, pour laquelle la maîtrise totale des idées et du langage sont indispensables, plutôt que de ne rien faire, j'écris des chansons.
Elle : - Je t'ai laissé dire… Mais tu recommences déjà ! Ça va être long avant que tu comprennes qu'il faut parler simplement ! Oh, pis finalement, écris des chansons tant que tu veux, une fois que ça rapporte des sous et que tu me fais bien l'amour…
Lui : - Alors j'ai le droit de lire ce matin ?
Elle : - Et moi, je fais quoi ?

Lui : - Tu ouvres la fenêtre, tu vas allumer le feu, promener le chien... Ou tu prends un bouquin !

Elle : - Oh j'ouvre pas la fenêtre. C'est trop chiant le soir à remettre.

Lui : - Alors je vais rester toute la journée à la lumière électrique !

Elle : - Tu vas quand même te lever ?

Lui : - Pour aller aux toilettes.

Elle : - Oh non ! Je t'ai déjà dit de pas parler de ça... Faut que j'y aille (*elle se lève... et sort*).

Lui : - Est-ce qu'un jour je vais rire à ce qu'elle rit ? Est-ce qu'un jour elle sera totalement triomphante, aura vaincu celui qui avait toujours des mots compliqués ? (*fataliste*) Et j'écrirai des chansons à la con ! Celles qui ramènent du pognon.

Il prend un livre, la biographie « Bonjour, monsieur Zola », d'Armand Lanoux, ouvre et lit ; on sent qu'il ne lit pas ce passage pour la première fois.

« Après l'idéal impossible du « chapeau rose », après la réalité toute matérielle de Gabrielle, Zola rencontrait la femme de sa vie » (*il pose le livre*)

(*abattu*) Mais Zola avait quarante-huit ans ! Attendre la gloire, atteindre cent kilos, cent quatorze de tour de bidoche !...

(combatif) Non, je vais marcher, marcher, marcher, et je te rencontrerai.
(triomphant) Et tu m'aimeras !... Mais avant, la chanson ! Allez, qu'est-ce qui pourrait faire une bonne chanson pour jeudi ? (*il prend un amas de papiers et feuillette*)

Rideau

Acte 3

Même décor (seulement des cartons déplacés)
Le premier lundi après les « rencontres d'Astaffort. »
Le téléphone sonne. Le rideau se lève. Lumières éteintes.

Lui, *la voix pâteuse* : - Ouais.

Lui, *la voix pâteuse* : - Ouais.

Lui, *soudain réveillé* : - Quoi onze heures ! Dis pas n'importe quoi.

Il tâtonne, allume la lampe à sa gauche, prend sa montre à côté, se redresse...

Lui : - Ah ouais, t'as raison.
Elle, *doucement* : - Qui c'est ?
Lui, *tout en mimant la guitare de la main droite* : - C'est à cause de ces satanées souris, elles nous ont empêchés de dormir.
Elle, *doucement* : - Mets le son.
Lui, *doucement* : - Hrra.
Elle, *doucement* : - Pour une fois que je peux rire, allez.

Il appuie sur la touche haut-parleur.

La voix au téléphone : - ...suppose, hier, tu as essayé de me joindre, mais je prenais du bon temps chez des amis, il faudra que je te les présente, et j'avais oublié de brancher le répondeur, tu as embrassé toute l'équipe de ma part...

Lui : - Tu es certain d'être bien vu ?
La voix au téléphone : - Quoi, quelqu'un t'a sorti des vacheries sur moi ?
Lui : - Pas plus que sur les autres ! Les anciens sont des anciens, les sélectionnés sont des artistes, les anciens de simples numéros !
La voix au téléphone : - Arrête ! Tantôt au téléphone, ils étaient charmants…
Lui : - Quand tu leur as dit qu'ils pouvaient loger chez toi dès qu'ils passent à Paris et que tu avais un copain qui pouvait leur faire une fausse note d'hôtel..
La voix au téléphone : - Joue pas les idéalistes, tu sais comment ça fonctionne, allez, raconte.
Lui : - Super, trois textes interprétés…
La voix au téléphone : - Des textes emmenés suivant mes conseils ?
Lui : - Bin… Oui.
La voix au téléphone : - Tu vois mes conseils, tu me dois une fière chandelle ! Tu vois si tu suis tout le temps mes conseils, on va faire une sacrée équipe nous deux…
Lui, *en appuyant sur la touche discrétion* : - Il m'énerve !
Elle : - Envoie-le promener, maintenant que tu connais Cabrel, tu n'as plus besoin de lui. En plus il ne sait pas jouer de guitare. Qu'est-ce que tu en as à faire d'un pianiste !
Lui : - Mais ça fait du bien d'entendre « c'est génial » !
Elle, *riant* : - C'est génial mon chou !

La voix au téléphone, *plus fort* : - Pourquoi ne réponds-tu pas ?
Lui, *retirant le doigt de la touche discrétion* : - Ah ! Tu es encore là, ça fait une minute qu'on n'entend plus rien, on croyait que tu avais dû poser le téléphone pour faire la bise à ton boss, j'allais raccrocher... Mais avant faut que je te dise... Tu as du boulot... Et urgent... Une interprète veut des musiques sur douze de mes textes.
Elle, *appuyant sur la touche discrétion* : - Tu me l'as pas dit, ça...
Lui, *retirant son doigt de la touche* : - Hrra.
La voix au téléphone : - Elle a un physique ?
Lui : - Voix, physique, blonde, dix-neuf ans, mince, un regard de braise, un vrai cristal de baccarat, tout pour cartonner...
La voix au téléphone : - Tu lui as dit que tu connais un super compositeur.
Lui : - Qui travaille super vite et va lui proposer douze musiques dans un mois.
La voix au téléphone : - Je ne sais pas si je vais avoir le temps, tu sais... Je suis très pris par le boulot... Mais oui, naturellement, je vais essayer, lesquels elle préfère ?
Lui : - Je t'envoie tout par la poste, y'a des textes que tu ne connais pas, ils seront sur l'album.
La voix au téléphone : - Elle veut faire un album, super !
Lui : - Et de la scène.
La voix au téléphone : - Elle habite où ?

Lui, *après avoir hésité* : - Toulouse.
La voix au téléphone : - Bon, je vais faire le maximum... Tu n'as mis personne d'autre sur le coup ?
Lui : - Attends, on a bien dit qu'on forme un duo. Tu es à 100% sur mes textes...
La voix au téléphone, *après une hésitation* : - Ouais, ouais... Je te demandais juste comme ça pour dire de parler... Ah zut ! Big big boss, qu'est-ce qu'il me veut encore... Allez bisous, on se voit à La Rochelle en juillet de toute manière...
Lui : - Tchao... Et au boulot ! (*il raccroche*)
Elle : - Tu recommences ! Plus de tchao, s'il te plaît... Allez bisous... Je suis sûre qu'il en est...
Lui : - Même ton frère tu te le demandes, alors !
Elle : - Oui, mais mon frère c'est différent, c'est toi qui me l'as dit, il a été trop couvé par *maman est folle*...
Lui : - Peut-être qu'il a aussi eu sa *maman est folle*... Après tout s'il veut rencontrer ton frère !
Elle : - Tu as déjà été avec un mec ?
Lui : - Comme si !
Elle : - Ah, parce que passer après un mec, ça je pourrais pas... *C'est génial !*... En tout cas on en dira pas autant de ses musiques, c'est tout le temps la même chose.
Lui : - Mais bon, si ça fait un CD, il faut bien un début, avoir quelque chose à montrer, pouvoir dire la musique est classique, la voix pas terrible...

Elle : - Surtout si c'est la vieille qui chante.
Lui : - Mais non, elle s'amuse, elle est trop occupée avec son mari, ses enfants et le karaoké.
Elle : - Alors, qui va les chanter ?
Lui : - Quand ça sera prêt, comme il a du fric, on trouvera bien une interprète.
Elle : - C'est qui, dix-neuf ans, blonde, cristal de j'sais plus quoi, un physique ?
Lui : - Toutes les grandes réussites artistiques passent par le bluff. Il me croit, il va bosser. Il va bosser, mes textes auront des musiques, seront de vraies chansons. Et pendant ce temps je vais écrire des textes pour les autres. Ils veulent du gnangnan, ils vont en avoir. Dès qu'on va à Cahors j'achète un dictionnaire de rimes ! Je peux faire aussi gnangnan qu'eux !
Elle : - Gnangnan, tu veux dire des belles chansons d'amour ?
Lui : - Cent, pas une de plus ! Je serai le stakhanoviste de la chanson !
Elle : - Recommence pas avec tes mots compliqués... Si je te connaissais pas d'avant je croirais que c'est Cabrel qui t'a tourné la tête.
Lui : - Stakhanoviste, il doit penser que c'est l'avant-centre d'une équipe Russe !
Elle : - En tout cas je vois que tu es un sacré baratineur quand tu t'y mets, il a tout gobé ! J'espère que tu n'es pas comme ça en amour ! Enfin, je te donne pas tort, parce qu'avec lui tu es mal parti ! Tu crois qu'il va le sortir son fric ? En plus il m'a l'air radin.

Lui : - L'important c'est d'avancer, avoir des projets !

Elle : - Et si ça marche pas tout de suite, tu vas pas te décourager ?

Lui : - Personne ne m'attend. C'est à moi de m'imposer. Personne n'attend personne. Ceux qui progressent sont ceux qui continuent... Continuer malgré l'échec, c'est là le secret, toujours viser plus haut... L'histoire ne retient que les exceptions. Il faut être l'exception... Le talent, dans la chanson, c'est du travail et de l'obstination. Mais je vais écrire un succès, t'inquiète pas, c'est décidé !

Elle : - Ça rapporte combien un succès ?

Lui : - Un château chauffé !

Elle : - Je croyais que tu t'en foutais de l'argent !

Lui : - L'argent oui... La mesquinerie d'amasser miette par miette, mais celui qui peut faire le grand saut, pourquoi s'en priver ?

Elle : - Mais ce que tu viens de me dire là, tu crois que tu es le seul à le penser ?

Lui : - Qui d'autre verrait ainsi la vérité ? Et ceux qui réussissent préfèrent la maquiller pour garder le secret, préfèrent s'autoproclamer « un peu médium », comme si leurs gnangnanteries venaient d'une autre galaxie ! Ils sont tous accros à la télévision, ils écoutent même religieusement le baratin des attachées de presse.

Elle : - Alors tout le monde peut réussir à écrire des chansons ?

Lui : - Faut quand même pas exagérer ! Mais celui qui veut porter un masque sera condamné à le porter, sauf s'il est assez fort pour un jour dire « stop. »
Elle : - Là j'ai pas suivi.
Lui : - Je t'expliquerai un jour... Allez, va au froid, je t'expliquerai devant des tartines. Et crois en moi !
Elle, *convaincue* : - Oui mon amour.

> *Elle se lève... Bonnet, écharpe, pull... Et sort...*

Lui : - Un masque ! Porter un masque... Révéler la théorie du masque... Mais pas au point de confier la vérité quand même !
La vérité... La vérité, tu parles, qui oserait avouer la vérité ?
Qui oserait avouer tout ce qu'il faut faire pour avoir trois chansons retenues le samedi soir...
Mais celui qui ne joue pas le jeu n'en a qu'une... Alors !...
Connard de compositeur va... Parce qu'il est ingénieur, parce que ses parents croulent sous le fric, il se croit compositeur, parce qu'il arrose des crétins on lui sourit... Et on me sourit !
Qui peut être dupe de ça ?...
Mais il faut révolutionner ce monde...
Ah internet, si je m'y connaissais en informatique, c'est sûrement la solution... Sinon c'est trop verrouillé...

Avoir cent chansons, être connu, et après donner un coup de pied dans la fourmilière, ils ne m'auront pas... Ils croient m'avoir... Avec leurs magouilles jusqu'aux...
Je devrais peut-être me mettre à l'informatique...
J'arrive trop tard ou trop tôt... Celui qui saura utiliser internet... Les crétins ne vont pas le rater... Celui-là, je lui tire mon chapeau s'il parvient à percer dans la chanson sans faire la pute...
Bon il me faut cent textes chantés... Peu importe le niveau, peu importe qui ! Je suis Rastignac aux pieds d'Astaffort. Après je ferai comme je voudrai, je fixerai les règles. Il me faut payer le prix de ma liberté... La liberté ! Ah !... (*il rêvasse*)

Elle ouvre la porte, passe la tête.

Elle : - Alors, et ces chansons gnangnantes, je les attends !

Elle lui lance le pain.

Elle : - Trois tartines... Regarde mon nez ! Gelée que je suis. Les mois se suivent et se ressemblent.

Elle referme la porte.

Lui : - Les années aussi, parfois ! Mais courage ! Le succès n'a jamais été aussi près !

Il prend le plateau à côté du lit, un couteau... Tout en poursuivant ses réflexions...

J'ai encore rêvé d'elle ! Elle est belle, rebelle, spirituelle, intellectuelle. Mais si elle n'était pas intègre, jamais je ne l'aurais aimée au point de lui susurrer : je veux être l'homme de ta vie. Bon, ça rime pas ! Mais je trouverai sûrement la rime avant la femme.

> *Il rêvasse…*
> *Elle arrive doucement, le regarde, surprise.*

Elle : - Ça va ?
Lui, *surpris* : - Oui !… Pourquoi ?
Elle : - J'avais oublié que chaque matin je te retrouve dans cet état… À quoi tu penses ?
Lui : - Tu crois que ça s'écrit tout seul des chansons !

> *Elle pose le plateau sur le lit.*

Elle : - Tu pourrais dire merci.
Lui, *mécanique, encore dans ses visions* : - Merci mon amour.
Elle : - Neuf jours sans personne pour faire mes tartines, ça m'a manqué !

> *Il croque dans sa première tartine, et le petit-déjeuner débute.*

Elle : - Et toi, ça t'a manqué qu'on t'apporte pas ton p'tit déj au lit ?
Lui : - Mais on me l'apportait !
Elle : - Dix-neuf ans, un physique ! Arrête, sinon je vais me poser des questions. Tu sais que j'ai confiance en toi… Mais faut pas me dire

des conneries sinon ça va tourner dans ma tête et je vais finir par croire que tu m'as trompée.
Lui : - Pourquoi tu déjeunes pas simplement, en profitant de l'instant. Carpe Diem ! Profite de l'instant présent.
Elle : - Oh, tu es vraiment trop calme ! Tu as toujours été comme ça ?
Lui : - Je plains celles et ceux qui croient les chansons à la con !
Elle : - Qu'est-ce que tu veux dire ?
Lui : - Celles et ceux qui pensent, par exemple, que ça ne change pas un homme !
Elle : - *Maman est folle,* elle a dit, c'est bien vrai ça, un homme, ça change pas, c'est jamais mature.
Lui : - Mais personne ne t'oblige à la croire !

Elle prend une publicité à côté du « lit », la lui tend, la pose finalement entre eux.

Elle : - Tiens, tu t'es fait avoir avec ta perceuse, là elle est moitié prix.
Lui : - Mais c'est pas la même qualité.
Elle : - Tu t'y connais en perceuses, maintenant ?
Lui : - Non, mais j'aime pas l'idée de m'être fait avoir !

Elle : - Tu vas te laver après ?
Lui : - Tu rigoles !
Elle : - Moi je me suis lavée hier...
Lui : - C'est cher pour ce que c'est, mais on a au moins le chauffage à Astaffort... J'ai pris de

l'avance pour trois mois ! Chaque jour deux douches.

Elle : - Ah, le rêve ! Tu vas le dire à ta sœur, trois dans la salle de bains.

Lui : - Trois dans la salle de bains !... Tu as invité les vieux quand j'étais chez Francis ?

Elle : - Arrête, trois degrés... Et puis dis pas chez Francis comme si tu étais son pote !

Lui : - Je l'ai vu sans maquillage, tu sais ! Et j'ai mangé à sa droite de la viande de supermarché. C'est pas Jean-Paul Sartre ! Même avec des lunettes.

Elle : - Me parle plus de celui-là, tu vois j'ai retenu son nom ! Tu aimerais pas qu'elle vienne vivre par ici ta sœur ?

Lui : - Parle pas de malheur !

Elle : - Pourquoi ? Elle est gentille ta sœur.

Lui : - Il faut fuir la famille et les gens tristes.

Elle : - Alors on se retrouve tout seul.

Lui : - Parfois on a la chance d'être deux. Si on rencontre l'âme sœur. « *Les âmes sœurs finissent par se trouver quand elles savent s'attendre* » a écrit Théophile Gautier. (*il plane un peu, ailleurs*) L'amour dans la sérénité quoi.

Elle : - Tu crois que l'amour ça résiste au froid ?

Lui : - L'amour... L'amour... C'est quoi l'amour ?

Elle : - Je t'aime moi !

> *Elle le regarde en attendant au moins « moi aussi je t'aime. »*

Lui : - Ça ferait trop téléphoné si je te répondais, moi aussi !
Elle : - Tu aurais pu me téléphoner plus souvent !
Lui : - Ça fait pas encore cent quatorze fois que tu le déplores !
Elle : - Tu me parlais pas comme ça à Douai.
Lui : - Tu ne te souviens déjà plus comment c'était ! Il fallait aller à l'hôtel pour enfin ne pas avoir quelqu'un sur le dos ! Quand ta mère nous disait « restez-là, au moins ici c'est gratuit », il fallait qu'elle nous emmerde jusqu'à plus de minuit. Son gros nous assommait avec ses lectures financières qu'il ne comprenait jamais et ton frère détaillait ses prétendus exploits sexuels jamais confirmés pas son monstre.
Elle : - Les gens normaux ne se parlent pas comme ça, si ?
Lui : - Tu as dit « les gens normaux. »
Elle : - Bin oui, les gens qui travaillent, qui rentrent, mangent, regardent la télé et vont se coucher.
Lui : - C'est une analyse sociologique que tu me fais là !
Elle : - Quoi ?
Lui : - Tu as toujours vu les gens vivre comme ça ?
Elle : - *Maman est folle*, à chaque fois qu'elle a eu un homme, c'était comme ça... Et chez l'oncle c'est pareil... C'est quoi de ton truc de philosopher ?... Tu as appris ça où ?

Lui : - Dans les livres... Et il faut toujours essayer de vivre ce qui est écrit dans les meilleurs livres !
Elle : - Ah ! La vieille elle m'a dit, ça sert à rien que tu ailles voir Nino Ferrer, ça fait au moins vingt ans qu'il fait plus rien.
Lui : - Elle t'a dit qu'il ne fait plus rien !
Elle : - Oh si, il fait des trucs, mais c'est nul, ça marche pas. Il a de la chance d'avoir fait des trucs bien avant alors il vit sur ça.
Lui : - Des trucs bien ? *Gaston* et les *Cornichons* ?
Elle : - C'était avant de vivre par ici. Peut-être que le climat est pas bon pour la chanson. De toute façon quand on le voit à la télé c'est que pour ça...
Lui : - Ça doit être drôle mais les gens ne le comprennent pas et lui non plus sûrement : le présentateur lance une image d'archive et ensuite interviewe un mec ressemblant vaguement au jeune dynamique, un mec qui pourrait être le grand-père du type qui chantait les *cornichons*. Être prisonnier de son image ! Porter un masque à vie !
Elle : - En plus elle a dit qu'il peint... Un chanteur peindre ! C'est vraiment que la chanson ça marche plus.
Lui : - Pour une fois qu'un guignol de variété a la volonté de ne pas se copier, de grandir un peu, de sortir de l'adolescence, de créer vraiment, de chercher. Mais visiblement pas au point de poser son vieux masque !

Elle : - En tout cas, ça marche pas... Regarde Cabrel, c'est tout le temps la même chose mais ça marche !

Lui : - Mais nous n'avons qu'une vie ! Si c'est pour la passer avec le masque d'un succès de potache !

Elle : - En tout cas, je suis sûre que Cabrel il a plus de sous que Nino Ferrer.

Lui : - C'est le critère de qualité actuel !...

Elle : - Au moins il en profite, il a un vrai château, et bien chauffé je suis sûre.

Lui : - Mais dans cent ans il ne restera rien de ses ritournelles.

Elle : - Si c'est pour avoir du succès quand on est mort, ça sert à rien...

Lui : - Je te rassure, il ne restera rien non plus de l'autre, art mineur.

Elle : - J'ai pensé, pendant que tu étais là-bas...

Lui : - Et ne t'arrête surtout pas !

Elle : - J'ai pensé, pourquoi tu prends pas des cours pour écrire des chansons ?

Lui : - Des cours !

Elle : - Oui, je me suis souvenue, un jour j'ai vu à la télé un mec qui donne des cours, il paraît qu'il a écrit plus de cinq mille chansons lui, et après il suffit d'une heure pour écrire une chanson. Ça doit être pour les gens comme toi, qui restent des journées à tourner en rond.

Lui : - En une heure, tu crois que ça donne quoi ?

Elle : - Bah, des chansons. Lui en a écrit cinq

mille... Des trucs connus, je sais plus quoi, mais des trucs vraiment connus.
Lui : - Les cours... Ça ne se donne pas... C'est l'auteur qui doit les prendre, en lisant, en écoutant, en réfléchissant...
Elle : - C'est pour ça que tu fais compliqué !
Lui : - Ne t'inquiète pas, il va exister, être chanté, l'auteur seul en face du monde, seul en face de Créon, il sera l'Antigone sans silicone.
Elle : - Créon, c'est le surnom de Cabrel ?
Lui : - Un jour, si tu as le temps, tu liras Antigone.
Elle : - J'aime pas non plus les bandes dessinées.
Lui : - Pourtant Jean Anouilh dessinait bien.
Elle : - Le jockey ?
Lui : - Non, son frère.
Elle : - Il n'a jamais parlé de son frère Léon Zitrone.
Lui, *il la regarde étonné* : - Tu l'as fait exprès ?
Elle : - Quoi ? J'ai dit une connerie ? Léon Zitrone, tu regardais la télé quand tu étais plus jeune, c'est lui qui commentait les courses de chevaux et les mariages des reines.
Lui : - Avec les rois ?
Elle : - J'sais pas... Bin oui, tu vois, à force que tu m'poses des questions comme si j'étais à la télé, j'sais plus c'que j'dis... Tu me stresses !... Qu'est-ce que j'ai fait exprès ?
Lui : - Antigone / Silicone / Zitrone
Elle : - Alors, c'est bien, tu devrais

m'embrasser quand je dis quelque chose de bien.
Lui : - J'ai trop d'avance !...
Elle : - Trop d'avance ?
Lui : - Laisse, je te raconterai...
Elle : - J'ai remarqué, y'a pas qu'avec moi que tu te moques. Tu te prends pour un génie ! C'est une maladie ça, non ?
Lui : - « *Un génie ? En ce moment cent mille cerveaux se voient en songe génies comme moi-même et l'histoire n'en retiendra, qui sait ? même pas un ; du fumier, voilà tout ce qui restera de tant de conquêtes futures.* »
Elle : - On voit que tu es un fils d'agriculteur, de bouseux comme on dit chez nous, tu parles toujours de fumier.
Lui : - Mais non, je te citais Pessoa.
Elle : - Tu pourrais citer autre chose qu'un mec qui picolait.
Lui : - Tu sais que Fernando Pessoa picolait !
Elle : - *Maman est folle* en a acheté une bouteille... Même que tu as aimé.
Lui : - Une bouteille ?
Elle : - Bin oui, c'est rouge et ça se met dans du jus d'orange.
Lui, *qui éclate de rire* : - Pessoa. Fernando Pessoa.
Elle : - Pourquoi, c'est pas le même ?
Lui : - Passoa, dans le jus d'orange !...
Elle : - Ah !
Lui : - Je pourrais même pas en faire une chanson. Si j'écrivais du théâtre ce serait une

bonne réplique... Quoique, on accuserait l'auteur d'avoir voulu ridiculiser l'absence de culture poétique !...
Elle : - Ah, tu n'as qu'à mieux articuler... Je te l'avais dit que je suis pas une intellectuelle.
Lui : - Ahhhh !
Elle : - Quoi Ahhhh ! Tu regrettes déjà de m'avoir choisie pour le meilleur et pour le pire comme dit *maman est folle*...
Lui : - Sans alliance...
Elle : - Tu me demanderas en mariage un jour ?
Lui : - Je croyais que tu étais contre.
Elle : - Oh, pas tout de suite... Pour les enfants, tu crois pas que ce serait mieux...
Lui : - *Je ne suis rien. Jamais je ne serai rien. Je ne puis vouloir être rien. Ceci dit, je porte en moi tous les rêves du monde*
Elle : - C'est de toi ou de l'autre ?
Lui : - L'autre... Ah, c'est l'amour qui est essentiel !... L'homme n'est pas un animal mais une chair intelligente, quand bien même il lui arrive d'être malade.
Elle : - Je préfère quand tu parles d'amour... Mais tu crois qu'il va falloir attendre l'été pour le refaire vraiment... Parce qu'avec nos pull-overs...
Lui, *pour le public* : - Dose... Déjà !
Elle : - Alors quand il fera bon, tu me fais un enfant ?
Lui : - Tu crois qu'il fera bon un jour.

Elle : - Tu as toujours la phrase pour pas répondre.

Elle se lève...

Elle : - Tu sais où je vais.

Elle sort...

Lui : - Un enfant ! Déjà ! Bon, c'est vrai, plus vite on le fera, mieux ce sera ! Une chanson qui marche, ça rapporte combien ? Et juste après, tu me fais un enfant !
Ah ! Si j'avais rencontré une chanteuse belle rebelle spirituelle intellectuelle intègre ! Astaffort, pas une âme, que des corps !
On a beau avoir chacun sa raison... La mienne est existentielle quand même ! Mais elle !
La certitude de se goinfrer d'une part du gâteau de la chanson !
Existentielle, c'est quand même plus acceptable. C'est même excusable ! Faut m'y résoudre : partir à la recherche de quelqu'un de vraiment bien, c'est remettre l'enfant à trop loin... À jamais peut-être ! Quitte à tricher, au moins ne tricher qu'une fois !
Est-ce que tu grandiras avec un peu de ce que la vie m'a appris ?
Ou est-ce qu'elle va se servir de toi comme vengeance contre moi ?... Parce que chez ces gens-là !... (*il sourit*) Alors j'écrirai des chansons pour que tu les apprennes à l'école !
Finalement, ma vie c'est le sud et la chanson !
L'Amour... Ah ! si ça ne dépendait que de moi !

Ah ! Être vraiment amoureux... Est-ce qu'ils existent les enfants de l'Amour ? Être vraiment amoureux...
Pas... Ouais... Elle est pas mal... Et après avoir expérimenté toutes les possibilités de l'intimité, toujours penser « J'ai encore quelque chose à découvrir. » Être vraiment amoureux... Jusqu'à en bafouiller, les idées pas claires à part « je t'Aime. »
Dire pour la vie ou ne pas le dire. Mais que ce soit évident.
Et là, avoir un enfant ! Un enfant de l'Amour.

Elle rentre...

Elle : - Alors, tu écris des chansons en mars, tu rejointes en avril et tu me fais un enfant en mai ?

Il bâille

Elle : - C'est ta réponse ! Arrête tu vas me faire bâiller aussi (*elle bâille*)
Lui : - Un bon bâilleur fait bâiller... C'est donc mon tour d'aller aux toilettes (*il sourit*).
Elle : - Tout ça pour pas répondre... Tu vas revoir ce que c'est de traverser la grande pièce !
Lui : - Mais j'ai mon peignoir.

Il se lève, enfile son peignoir...

Elle : - Le peignoir d'une ancienne !
Lui : - Les objets n'ont pas d'âme... Je garderai même la lampe que tu m'as offerte !
Elle : - Quoi, tu penses déjà à me quitter !...

Lui : - Tu n'as pas d'humour hein !
Elle : - On sait jamais quand tu plaisantes ou quand c'est vraiment pour de vrai.
Lui : - Allez, je te laisse à tes réflexions. C'est quand même mieux que les abdos !
Il sort.
Elle : - Je rentre bien calme, j'y ai pensé pendant une semaine à mon programme ! J'aurais dû ajouter et je te laisse lire le samedi et le dimanche. Pépé allait bien au PMU, lui peut lire.
Je suis sûre qu'il pense déjà à me virer. J'espère au moins qu'il n'a pas rencontré une chanteuse ! Non, il pourrait pas me faire ça. De toute façon *maman est folle* l'avait dit, « hum, tu as pris un trop intelligent, un homme faut pas que ça réfléchisse trop. »
Bientôt qu'il me traitait de bonne pisseuse ! Il croit que j'ai pas compris. Cousin me l'a déjà faite celle-là ! Mais j'ai dit je m'énerve plus.
Mais s'il avait osé ! C'aurait été la goutte d'eau qui aurait fait déborder le verre. Y'a des limites quand même ! Et il aurait eu sa première scène de ménage. C'aurait peut-être été mieux ! On se serait réconcilié en faisant vraiment l'amour. Chez *maman est folle* au moins je regardais la télé… Mais bon, maintenant que le frangin est parti, oh non, j'aurais pas supporté…
Tu parles le sud… Et il va vraiment écrire des chansons ! Comme si quelqu'un va chanter ses trucs… Ah ! S'il pouvait faire un truc qui

ramène du fric... Bon là il semble décidé à enfin faire comme les autres. Ça doit pourtant pas être compliqué pour lui à faire des trucs comme Cabrel ou Hervé Villard. Même avec du Francis Lalanne, on pourrait refaire la maison, je suis sûre.
Parfois on dirait qu'il s'en fout de moi.
Une fois qu'il a ses bouquins, son stylo et ses papiers.
Parfois j'ai l'impression qu'il me prend pour une conne.
Y'a que son chien qui montre qui m'aime... Heureusement que je suis là pour lui.
Je suis sûre que si ça marche ses chansons, il va me jeter comme une vieille chaussette.
Et si ça marche pas je suis partie pour avoir froid toute ma vie.
Maman est folle avait raison, c'est des égoïstes les intellectuels. Jamais il m'offrirait des roses. Oser me dire qu'à son institutrice il lui offrait des roses et jamais m'en offrir... C'est pas une excuse l'argent... Il avait de l'argent quand il m'a connue. Ah ! Comme j'ai rêvé... Ah ! Comme j'ai rêvé quand il m'a dit, « on va acheter une maison dans le sud... » Je m'en foutais alors qu'il m'offre pas des roses, il me faisait rêver... En plus, j'aime pas les roses. J'aime que les chrysanthèmes, parce que ça rime avec je t'aime. Moi aussi je suis poète. Mais il paraît qu'il faut pas le dire, qu'on aime les chrysanthèmes, ça porte malheur. Comme de passer sous une échelle.

Maman est folle a raison, il aurait dû mettre la maison à nos deux noms, au moins j'aurais été sûre de le garder.

J'aurais dû oser lui dire. Je croyais qu'il allait le faire. Je suis trop conne ! Peut-être que c'est parce que c'est l'hiver. Ça ira mieux en été... Je me baladerai au moins, et il redeviendra peut-être comme quand on allait à l'hôtel... J'ai besoin qu'on me fasse bien l'amour moi, on dirait qu'il comprend pas !

Allez ma grande, faut le motiver ton homme, qu'il écrive des bonnes chansons... Après la pluie le soleil, comme dit mère-grand.

>*Elle reste pensive*
>*Il rentre... Revient s'installer sur le lit...*

Lui : - Qu'est-ce qui ne va pas ?... Tu as l'air pensive... (*souriant*) Souvent ça ne te réussit pas !

Elle : - Moque-toi, avec tes chaussettes ! Tu exagères, tu pourrais mettre des chaussettes pareilles... (*il a donc des chaussettes dépareillées*) Tu feras un effort au moins quand *maman est folle* sera là.

Lui : - Ah ! Comme le conseillaient déjà les grands philosophes stoïciens... Il faut toujours prendre les chos... ettes comme elles viennent !

Elle, *indifférente à cette saillie* : - Partir dans le sud pour dormir avec des chaussettes !

Lui : - Elle dort avec des chaussettes
Parce qu'elle a trop froid

Avec des socquettes
C'est pas la joie
Peu importe le temps
Elle râle comme un éléphant...
Tu vois, j'essaye d'écrire une chanson sur toi...
Cent chansons à la con, et *viva la liberté* !
Elle : - Éléphant ! Gazelle plutôt je suis ! Tu aimes bien te moquer de moi, tu es un moqueur ouais. Tu appelles ça une chanson d'amour... C'est pas toi qui dirais « ma femme m'inspire toutes mes chansons. »
Lui : - Parce que tu le crois !
Elle : - Pourquoi, tu crois qu'il a une femme dans chaque port ?... Tous les mêmes, les hommes, dès qu'ils ont de l'argent, leur femme leur suffit plus.
Lui : - Comme dit *maman est folle*.
Elle, *souriant* : - Ah ! Tu l'as déjà entendue dire ça.
Lui : - Non, elle a jamais osé devant moi, elle sait bien que j'aurais trouvé une réponse pour la ridiculiser...
Elle : - Bin alors, comment tu sais que ça vient d'elle ?
Lui : - Dis-toi que c'est la transmission de pensée.
Elle : - Tu y crois à ces trucs-là ?
Lui, *joignant les mains style bouddhiste* : - Lumière, sérénité, intégrité.
Elle : - Arrête, si je te connaissais pas je te prendrais pour un fou, avec tes mots bizarres.

Lui : - Un jour je comprendrai peut-être la quintessence de mes propos.
Elle : - Qu'est-ce que tu veux dire ?
Lui : - Que j'ai du travail pour devenir ce que je veux être.
Elle : - Pourquoi, tu n'es pas bien comme ça ?
Lui, *la voix « asiatique »* : - Celui qui s'arrête au milieu du chemin, c'est qu'il ne mérite pas d'aller plus loin.
Elle : - Arrête, tu vas me faire peur... Non, tu me fais rire... (*elle rit*) Qui est-ce qui t'a appris ces conneries ?
Lui : - Quand on passe ses journées avec des gens exceptionnels, on voudrait au moins mériter leur ombre !
Elle : - Tu passes tes journées avec les araignées, et elles s'en foutent, elles font leurs toiles.
Lui : - Balzac, Proust, Zola, Auster, Stendhal, Kundera, Modiano, Kafka, Le Clézio...
Elle : - Mais ils sont morts tes gens exceptionnels !
Lui, *souriant* : - Tous plus vivants que les pantins de naphtaline ! Plus je côtoie les gens, plus je me sens des affinités avec les personnages des romans ! Etienne Lantier, Fabrice del Dongo, Daniel D'Arthez, Docteur Pascal, mes frères, mes guides !
Elle : - Qu'est-ce tu en as à faire des idées des autres... Si tu as des idées tu les écris, sinon moi aussi je peux le faire de recopier les idées des autres (*il joint les mains style Bouddhiste*).

En tout cas, aujourd'hui, tu n'as plus d'excuse avec ton dos !
Lui : - Astaffort m'a rendu plus fort !
Elle : - Tu vois, tu peux faire de l'humour. Pourquoi tu écris pas plutôt des sketchs, ça doit bien payer aussi... Alors, j'ouvre les volets !
Lui : - Tu vois, tu peux prendre une bonne initiative.

Elle va retirer la couverture, ouvrir la fenêtre, les volets, en commentant.

Elle : - Tu aimes bien me regarder travailler !... Oh, on dirait qu'il va faire beau... Il fait moins froid dehors que dans la cuisine.
Lui : - Tu vois, il ne faut jamais désespérer... Du temps !
Elle : - La vieille est déjà sur sa terrasse, elle me voit pas... Tu sais qu'elle est encore plus myope que le boulanger mais elle dit que ça la vieillirait des lunettes, alors elle veut pas en porter... Je vais essayer d'allumer toute seule le feu mais pendant ce temps-là tu m'écris une chanson avec plein plein de « je t'aime » dedans ! Allez, je te laisse... « travailler. »

Elle l'embrasse, prend son manteau... Et sort.

Lui, *voix très grave* : - Personne n'est à l'abri.
De passer sa vie.
Avec quelqu'un de si différent. Qu'il déteint forcément.

(joie soudaine) Mais si je fais les choses que j'aime vraiment, je finirai forcément, par croiser les gens, qui comme moi veulent vivre autrement... *(perplexe)* Vais-je y parvenir ?... Ah ! Vivre d'Art et d'Amour !...

Une grande pause avant sa référence finale à Bertolt Brecht :

Est-ce qu'elle va m'inoculer la graine féconde
D'où surgit la bêtise humaine qui nous inonde ?

Elle passe la tête à la porte.

Elle : - Alors glandeur, tu viens allumer le feu, il veut pas démarrer, le papier est trop humide. Deux degrés dans la cuisine. Glandeur, je suis contente de ma trouvaille...
Puis arrête de te casser la tête, écris des chansons simples avec plein de « je t'aime »... Au moins on aura des sous ! *(très contente d'elle)* Allez glandeur, viens allumer le feu à ta petite chérie.

Elle repart. Il reprend.

Lui : - Est-ce qu'elle va m'inoculer la graine féconde
D'où surgit la bêtise humaine qui nous inonde ?

Rideau -Fin

Vous souhaitez jouer cette pièce ?

Contactez Stéphane Ternoise sur :

http://www.ternoise.fr

"Esplanade" Nino Ferrer à Montcuq

Stéphane Ternoise est né en 1968. Il publie depuis 1991. Il est depuis son premier livre éditeur indépendant.

Dès 2004, il a proposé des livres numériques, en PDF. Mais c'est en 2011 seulement que les ventes dématérialisées ont démarré. Son catalogue numérique (depuis mi 2011 distribué par Immateriel) a ainsi rapidement dépassé celui du papier, grâce à des essais, des livres de photos... tout en continuant la lente écriture dans les domaines du théâtre et du roman. Depuis octobre 2013, et son « identifiant fiscal aux États-Unis », son catalogue papier tend à rattraper celui en pixels.
http://www.livrepapier.com ou
http://www.livrepixels.com

Il convient donc, de nouveau, d'aborder l'auteur sous le biais de l'œuvre. Ainsi, pour vous y retrouver, http://www.ecrivain.pro essaye de fournir une vue globale. Et chaque domaine bénéficie de sites au nom approprié :
http://www.romancier.net
http://www.dramaturge.net
http://www.essayiste.net

http://www.lotois.fr

Vous pouvez légitimement vous demander pourquoi un auteur avec un tel catalogue ne bénéficie d'aucune visibilité dans les médias traditionnels. L'écriture est une chose, se faire des amis utiles une autre !

Catalogue (le plus souvent en papier et numérique, parfois uniquement les pixels, le travail de mise en page papier demandant plus de temps que d'heures disponibles)

Romans : (http://www.romancier.net)
Le Roman de la révolution numérique.
Ils ne sont pas intervenus (le livre des conséquences) également en version numérique sous le titre *Peut-être un roman autobiographique*
La Faute à Souchon ? également sous le titre *Le roman du show-biz et de la sagesse (Même les dolmens se brisent)*
Liberté, j'ignorais tant de Toi également sous le titre Libertés d'avant l'an 2000)
Viré, viré, viré, même viré du Rmi
Quand les familles sans toit sont entrées dans les maisons fermées

Théâtre : (http://www.theatre.wf)
Théâtre pour femmes
Théâtre peut-être complet
La baguette magique et les philosophes
Quatre ou cinq femmes attendent la star
Avant les élections présidentielles
Les secrets de maître Pierre, notaire de campagne
Deux sœurs et un contrôle fiscal
Ça magouille aux assurances
Pourquoi est-il venu ?
Amour, sud et chansons
Blaise Pascal serait webmaster
Aventures d'écrivains régionaux
Trois femmes et un amour
La fille aux 200 doudous et autres pièces de théâtre pour enfants
« Révélations » sur « les apparitions d'Astaffort » Brel / Cabrel (les secrets de la grotte Mariette)

Photos : (http://www.france.wf)
Montcuq, le village lotois
Cahors, des pierres et des hommes. Photos et commentaires
Limogne-en-Quercy Calvignac la route des dolmens et gariottes
Saint-Cirq-Lapopie, le plus beau village de France ?
Saillac village du Lot
Limogne-en-Quercy cinq monuments historiques cinq dolmens
Beauregard, Dolmens Gariottes Château de Marsa et autres merveilles lotoises
Villeneuve-sur-Lot, des monuments historiques, un salon du livre... -Photos, histoires et opinions
Henri Martin du musée Henri-Martin de Cahors - Avec visite de Labastide-du-Vert et Saint-Cirq-Lapopie sur les traces du peintre
L'église romane de Rouillac à Montcuq et sa voisine oubliée, à découvrir - Les fresques de Rouillac, Touffailles et Saint-Félix

Livres d'artiste (http://www.quercy.pro)
Quercy : l'harmonie du hasard
Lot, livre d'art
Jésus, du Quercy
Les pommes de décembre
La beauté des éoliennes

Essais : (http://www.essayiste.net)
Le manifeste de l'auto-édition - Manifeste politico-littéraire pour la reconnaissance des écrivains indépendants et une saine concurrence entre les différentes formes d'édition
Écrivains, réveillez-vous ? - La loi 2012-287 du 1er mars 2012 et autres somnifères
Le livre numérique, fils de l'auto-édition
Aurélie Filippetti, Antoine Gallimard et les subventions contre l'auto-édition - Les coulisses de l'édition française révélées aux lectrices, lecteurs et jeunes écrivains
Réponses à monsieur Frédéric Beigbeder au sujet du Livre

Numérique (Écrivains= moutons tondus ?)
Comment devenir écrivain ? Être écrivain ? (Écrire est-ce un vrai métier ? Une vocation ? Quelle formation ?...)
Amour - état du sentiment et perspectives
Le guide de l'auto-édition numérique en France (Publier et vendre des ebooks en autopublication)
Copie privée, droit de prêt en bibliothèque : vous payez, nous ne touchons pas un centime - Quand la France organise la marginalisation des écrivains indépendants

Chansons : (http://www.parolier.info)
Chansons trop éloignées des normes industrielles
Chansons vertes et autres textes engagés
Chansons d'avant l'an 2000
Parodies de chansons - De Renaud à Cabrel En passant par Cloclo et Jacques Brel

En chti : (http://www.chti.es)
Canchons et cafougnettes (Ternoise chti)
Elle tiote aux deux chints doudous (théâtre)

Politique : (http://www.commentaire.info)
Ce François Hollande qui peut encore gagner le 6 mai 2012 ne le mérite pas
Nicolas Sarkozy : sketchs et Parodies de chansons
Bernadette et Jacques Chirac vus du Lot - Chansons théâtre textes lotois
Affaire Ségolène Royal - Olivier Falorni Ce qu'il faut en retenir pour l'Histoire - Un écrivain engagé, un observateur indépendant
François Fillon, persuadé qu'il aurait battu François Hollande en 2012, qu'il le battra en 2017

Notre vie (http://www.morts.info)
La trahison des morts : les concessions à perpétuité discrètement récupérées - Cahors, à l'ombre des remparts médiévaux, les vieux morts doivent laisser la place aux jeunes...

Cahors : Adèle et Marie Borie contre Jean-Marc Vayssouze-Faure - Appel à une mobilisation locale et nationale pour sauver les soeurs Borie...

Jeux de société
http://www.lejeudespistescyclables.com
La France des pistes cyclables - Fabriquer un jeu de société pour enfants de 8 à 108 ans
Le bon chemin pour Saint-Jacques-de-Compostelle

Autres :
La disparition du père Noël et autres contes
J'écris aussi des sketchs
Vive les poules municipales... et les poulets municipaux - Réduire le volume des déchets alimentaires et manger des oeufs de qualité

Œuvres traduites :
La fille aux 200 doudous :
- *The Teddy (Bear) Whisperer* (Kate-Marie Glover) - Das Mädchen mit den 200 Schmusetieren (Jeanne Meurtin)
- Le lion l'autruche et le renard :
- How the fox got his cunning (Kate-Marie Glover)

- Mertilou prépare l'été :
- The Blackbird's Secret (Kate-Marie Glover)

- *La fille aux 200 doudous et autres pièces de théâtre pour enfants (les 6 pièces)*
- La niña de los 200 peluches y otras obras de teatro para niños (María del Carmen Pulido Cortijo)

Mentions légales

Tous droits de traduction, de reproduction, d'utilisation, d'interprétation et d'adaptation réservés pour tous pays, pour toutes planètes, pour tous univers.

L'image de la couverture :
Psychée et l'amour, statue en marbre de 1793, d'Antonio CANOVA, un sculpteur italien né le 1er novembre 1757 à Possagno (province de Trévise) et mort le 13 octobre 1822 à Venise.

9	Amour, sud et chansons
11	Acte 1
41	Acte 2
70	Acte 3
97	Auteur

Dépôt légal à la publication au format ebook du 24 mai 2011.

Imprimé par CreateSpace, An Amazon.com Company pour le compte de l'auteur-éditeur indépendant.
livrepapier.com

ISBN 978-2-36541-544-6
EAN 9782365415446

Amour, sud et chansons (Pièce de théâtre pour une femme et un homme), de Stéphane Ternoise.
© Jean-Luc PETIT - BP 17 - 46800 Montcuq France

www.ingramcontent.com/pod-product-compliance
Lightning Source LLC
Chambersburg PA
CBHW060205050426
42446CB00013B/2992